偏愛的ポピュラー音楽の知識社会学

愉しい音楽の語り方

長﨑励朗

創元社

偏愛的ポピュラー音楽の知識社会学

愉しい音楽の語り方

m 01

目次

偏愛的ポピュラー音楽の知識社会学

愉しい音楽の語り方

凡例

＊引用文中のブラケット［　］内は引用者の注記である。

序章

ポピュラー音楽にまつわる「思い込み」

ポピュラー音楽の紹介文には様々な「お決まり」の言い回しがある。例えばこんな感じだ。

「世界を変えた音楽の祭典が今、ここによみがえる。」

「苦節○年、どん底からはいあがり、ついに武道館ライブにこぎつけました。」

これはあくまで私が適当にでっち上げた「あるある」だが、テレビやラジオ、雑誌などで一度は見聞きしたことのあるフレーズだろう。

こうした定型文は情報の送り手と受け手の共犯関係によって成り立っている。送り手の側は何にでも当てはめることができて便利だから、イージーにこうした表現に頼る。一方、受け手の側にとっても特に気になる部分はないから、「ほめているんだな」という程度の印象で聞き流すことができるのだ。

しかし、野暮を承知で言えば、音楽が世界を変えたことなどあるだろうか。あるいは世界を変えた音楽があるとして、それはそんなに「偉い」のだろうか。多少なりとも分別のある人間からしてみれば、「○○は世界を変える」というフレーズは偽善的に過ぎるのではないか。あるいは、どん底うんぬんの話で言えば、そもそも苦労したからと言って「良い曲」を作れるわけではないという身も蓋もない反論だって成立するはずだ。

にもかかわらず、こうした言葉が繰り返される背景には、我々が無意識に前提としているある種の「思い込み」が隠されている。冒頭に挙げた例で言えば、偉大な音楽は世界を変える（あるいは世界を変えた音楽は偉大である）という「思い込み」、そして苦労しているミュージシャンこそホンモノであるとする「思い込み」がそれである。

本書はそんなポピュラー音楽にまつわる様々な「思い込み」の起源やメカニズムに迫ることを目的としている。タイトルにある「知識社会学」とは、ごく単純化して言えば、こうした「思い込み」がどこから来たのかを主に社会と個人の関連性の中で解き明かそうとする学問手法を指している。

こんな風に言うと、「思い込み」という言葉のネガティブなニュアンスから、他人の愚かさをあげつらう斜に構えた学問という風に見えるかもしれない。しかしそうではない。むしろ、この知識社会学の醍醐味は、自分自身が当たり前だと思っている価値観を揺さぶる点にある。提唱者の一人であるカール・マンハイムはそれまで、他人の「思い込み」の原因にばかり注目していた人々に対して、自らの「思い込み」にも焦点を当てるべきだと主張した。つまり「私たちはなぜ、このように考えるのか」という問いを立てることこそ、知識社会学の神髄なのだ。ポピュラー音楽を通して自分自身の持つ常識を疑う態度を身につけること。これこそ、本書の第一の目的である。

聴いていない音楽について堂々と語る方法

本書は、私が自身の勤める大学で行った『共通教養特講――ポピュラー音楽の知識社会学』という講義を元にしている。講義で最初に話すのは、私にとって音楽も学問も非常に似通った存在だということだ。音源を聴いてはそのライナーノーツやネット情報を読み、そこに挙げられているミュージシャンの音源をさらに聴く。本を読んでは、その参考文献に挙げられている本を手に取る。実は両者は全く同じ営みである。だから学問することを趣味として楽しんでほしい。学生にはいつもそう話してから講義をはじめている。

こうした楽しみ方の正体は、「知の体系化」とでも言えるものだ。もう少し平たく言えば、頭の中に影響関係や対立関係の地図を創り上げていく営みである。そうした作業は主に二つの点で利益をもたらしてくれる。

第一は単純に新たな音楽、新たな本、そして芸術のジャンルを越えた他の作品にさえ出会える可能性を開いてくれることだ。音楽からアニメへ。アニメから社会学の書籍へ。たとえばそんな風に自分の心の琴線に触れる文化を数珠つなぎに探していくヒントを「頭の中の地図」は与えてくれるのである。ある程度地図が完成してくると、自分の好みがどの位置にあるか、ひいては自分がどんな人間であるかまで突然くっきり見えた気がする時がある。そんな瞬間が若い頃には年に一度か二度、年をとっても何年かに一度はあるから、音楽も学問もやめられない。この喜びを若い読者にも是非知ってほしいと思う。

第二の利点はある意味で多くの作品を聴いたり読んだりすること以上に重要である。それは、あらゆる作品について「語れる」ようになることだ。文学者のピエール・バイヤールは『読んでいない本について堂々と語る方法』という身も蓋もないタイトルの著作で次のように論じている。

> 教養があるとは、しかじかの本を読んだことがあるということではない。そうではなくて、全体の中で自分がどの位置にいるかが分かっているということ、すなわち、諸々の本はひとつの全体を形づくっているということを知っており、その各要素を他の要素との関係で位置づけることができるということである。ここでは外部は内部より重要である。というより、本の内部とはその外部のことであり、ある本に関して重要なのはその

> 隣にある本である。
>
> 　したがって、教養ある人間は、しかじかの本を読んでいなくても別にかまわない。彼はその本の内容はよく知らないかもしれないが、その位置関係は分かっているからである。つまり、その本が他の諸々の本にたいしてどのような位置関係にあるかは分かっているのである。ある本の内容とその位置関係というこの区別は肝要である。どんな本の話題にも難なく対応できる猛者がいるのは、この区別のおかげなのである[1]。

ここで言うところの「読書」を「音楽鑑賞」として読み換えれば、音楽について語り合うために重要なのは楽曲の中身を聴いていることではなく、それらの関係性であるということになる。たとえば、プルーストの『失われた時を求めて』を熟読したことがないと言うバイヤールにならって告白すると、一般にハードロックの金字塔とも言われるLed Zeppelinのアルバムを私はそれぞれ数回ずつしか聴いたことがない（そのうち何度かはアルバムの途中で別のCDに入れ換えてしまった記憶もある）。それでもLed Zeppelinについて語ることができるのはYardbirdsやNirvana、White Stripes、Flower Travelin' Band、そしてハードロックを敵視すらしていたパンクロックを聴いたことがあるからだ。逆にLed Zeppelinがいくら好きでも、それしか聴いていない人間にLed Zeppelinをどれほど語ることができるだろうか。

　つまり本書の二つ目の目的は「聴いていない音楽について堂々と語る方法」を身につけてもらうことなのである。「聴くな」とは言わない。むしろ本書に登場するミュージシャンで気になるものがあれば、是非とも聴いてみて欲しいとすら思う。しかし同時に、それ

1　ピエール・バイヤール（2016）『読んでいない本について堂々と語る方法』（大浦康介訳）、筑摩書房、33-34頁。

は一つのミュージシャンやジャンルの知識をただ蓄えるためではなく、音楽同士の関係性を知るための営みであってほしいと願っている。

こうした体系化の手段の一つとして単純に歴史をたどるという方法がある。ただ、これに関しては素晴らしい類書が多くあり、それらを乗り越えてポピュラー音楽の歴史を精密にたどる準備は私にはない。もちろん、本書でも歴史を扱ってはいるが、それ自体は必要最低限にとどめている。それよりも様々な音楽や学問の関係性を解釈することに力を入れた。比喩的に言えば、これは歴史という大通りが描かれた「地図」に新しい道を書き足していく作業であり、さらに言えば、音楽というジャンルを飛び出して学問の世界と趣味の世界をつなぐ作業であるともいえる。

前述のように、学生時代以来、学問と音楽という二つの趣味を掘り下げてきた私は、次第に社会学と音楽を関連づけずにはいられなくなっていった。そうしたいわば趣味を通した思索の連なりの中で生まれてきたのが本書である。それゆえに、本書は社会学やポピュラー音楽研究の名著を紹介するブックガイドであると同時に、ディスクガイドとしての性質も持ち合わせている。様々な知見を組み合わせながら論理を展開していることから考えれば、学問のミックスCDのような本でもある。なんとも珍妙な本だが、音楽を掘り下げることの楽しさや学問の面白さを伝えるためには、こんな方法もあってよいと思う。

もちろん、本にせよ、楽曲にせよ、ガイドというのはセレクトする側の主観が多分に入るものだから、偏《かたよ》りが生まれるのは免《まぬが》れない。というより、私自身、自分がとても偏食ならぬ「偏愛」的であることを強く自覚している。だからこの本は音楽に対する見方の「正解」を提示しているわけではない。あくまで自分にとっての「正解」を見つけ出す方法や、その私なりのやり方を示しているにすぎないのだ。したがって社会学も音楽も特に本書で何かを網羅するつもりはなく、各章のコンセプトに合ったものを必要に応じて紹介するというスタンスであることはここに断っておく。

また、音楽についても毎回のコンセプトに合った楽曲を選択しているため、読者によって興味があるジャンルと全く知らないジャンルが入り乱れていることと思う。読者はまず自分の知っているジャンルを扱った章から読んでもらってかまわないが、願わくば、その後、是非知らない音楽を扱った章を読んでみてほしい。自分の知らないジャンルを知ろうとする探求心こそ、趣味を豊かにする秘訣だし、先にも述べたように、どんな音楽が好きで、どんな音楽が嫌いかという問いは自分という人間を知るチャンスにもなるはずだ。

本書を読み終わったとき、読者が音楽に限らず、あらゆる趣味について様々な角度から考え、語ることのできる知的な趣味人になってくれていれば、何よりの喜びである。

第1章

ロックは社会変革の夢を見るか?

——モッズ / ヒッピー比較論

ロックフェスの幻想

数年前、南大阪で開催された小規模なフェスに行ったとき、こんなMCがあった。

「ここからなんか変わっていくんちゃうか〜!?　ここでなんか起こしていかなあかんのちゃうか〜!?」

特に「変わっていく」中身について言及されているわけではないのだが、そんなフレーズをとにかく連呼する。それに対してファンはとりあえず「Yeah!!」などとレスポンスを返し、「盛り上がっている感」が形成されていくのである。ファンも、そしておそらく本人も含め、本気でなにか巨大なものを変革しようなどとは思っていない。にもかかわらず、こうしたやり取りが成立するのは、とりあえずその場に似つかわしい気がするからだ。その背後には、「ロックは大きな社会変革と結びつくものだ」という「思い込み」が存在しているとは言えないだろうか。

こうした発想に基づく動きはことあるごとに噴出してきた。記憶に新しいもので言えば、NO NUKESがある。東日本大震災によって引き起こされた福島原発の事故をきっかけに、脱原発を掲げて企画された音楽フェスだ[1]。この趣旨自体が悪いわけではない。しかし、なぜ音楽なのか。どう考えても他にやりようはあるはずだ。例えば俳優だった山本太郎は「演劇を通して脱原発を訴えていきたい」などと甘っちょろいことは言わず、あっさり政治家に転身したではないか（こちらも成果が出るかどうかは疑わしいが、少なくとも目的に対する手段としてはごく普通の思考だといえる）。その意味で、このフェスも目的意識こそ具体的ではあるものの、冒頭で紹介した南大阪のフェスと五十歩百歩だ。とりあえず音楽イベントをぶち上

1　NO NUKESは様々なジャンルが混在しているので、純粋なロックフェスとは言えないが、社会変革と強く結びついた音楽フェスの例としてここに挙げた。

げれば何かを変えようとする意思表示になるし、少なくとも「何かやっている」という充実感を本人たちも、そしてオーディエンスたちも感じることができるのだろう。

やや辛口な滑り出しになったが、本章はこうした動き自体を批判するものではない。一音楽ファンとしては、どんな口実であるにせよ、音楽フェスがあること自体は歓迎すべきことだし、真剣な意図を茶化すつもりもない。むしろ本章が問題としたいのはロックと社会変革の間にあるこのうっすらとした連想関係である。冷静になって考えてみてほしい。何らかの政治的理想を実現しようとするとき、「政党をつくろう」とか「政治家になろう」といったアプローチは分かりやすい。しかし、「音楽イベントをやろう」と考えるのは、前述のような「思い込み」を取っ払えば、すさまじく奇妙な行動ではないだろうか。にもかかわらず、私たちはそれをおかしいとは思わず、当たり前のように眺めている。

本章では、ロックに社会変革の夢を託した最初の世代であるヒッピーと呼ばれる若者たちと、ほぼ同時代のイギリスで社会変革の意志を持たなかったモッズと呼ばれる若者集団の比較を試みる（モッズの方が数年早い）。これによってロックと社会変革の関係を相対化するとともに、社会変革を目指す音楽と目指さない音楽が生まれてくるメカニズムについても考察してみたい。この試みはおそらく、1960年代以降のロックを中心とするポピュラー音楽を二つの流れに分ける視点を提供してくれるはずである。

モッズ――非共感の音楽文化

まずはモッズ・カルチャーの中身について簡単におさえておこう。モッズは60年代のイギリスで花開いた労働者階級の若年文化だ。典型的なモッズはライブに行けば一目で分かる格好をしている。体にピッタリと張り付くサイズのスーツにミリタリーコートを羽織り、ミラーやライトなどでデコレーションしたスクーターに乗って移動する。ヒッピー文化にも言えることだが、モッズ・カルチャーとは音楽だけを指すわけではなく、ファッションも含んだ総合的な若者文化の名称であると言えるだろう。

モッズのシーンをヒッピーのそれと比較した場合、こと音楽に関して言えば、その本質的な違いはミュージシャンとリスナーの間に流れる共感の有無であったといえるかもしれない。モッズ・シーンで流れていた音楽は、必ずしもモッズを自認するミュージシャンによるものではなかったからだ。

彼らはモッズなどというものを知るはずもないアメリカの黒人によるマイナーな音楽を好んだ。特に「ノーザン・ソウル」と呼ばれるブラック・ミュージックや、それに影響を受けたイギリスのロックバンドたちの作品こそがモッズ・シーンのバックトラックだった。ノーザン・ソウルとは主にアメリカ北部のシカゴやデトロイトのレーベルから発売された一連のソウル・ミュージックを指す。モッズたちが集まるダンスホールでは、アメリカから輸入されたこうしたソウルやR&Bが頻繁にかけられていたという。ノーザン・ソウルという言葉がどの程度リアルタイムにモッズ・シーンで使われていたかは定かではないが、有名どころではThe Isley BrothersやMartha and the Vandellasなどに加え、南部のメンフィス出身（ただし、レコード会社はニューヨークに拠点をおくアトランティックレコードなので「北部」と言えなくもない）のBooker T & The MG'sなどもラインナップに入っていたというから、南部の土臭い雰囲気ではなく、都会的な空気感のソウルという程度のくくりと考えた方がいいかもしれない。

モッズが好んだイギリスのロック・ミュージシャンにしても、シーンとの関係は微妙だった。The Kinksはモッズに最も愛されたバン

図 1-1　small faces の 1st アルバム

ドの一つだが、ボーカルのレイ・デイヴィスはモッズを好きではなかったとされるし、The Who にしても、後述するヒッピーの祭典に登場した際、モッズファッションでは登場しておらず、モッズというアイデンティティをどの程度抱いていたかは疑わしい。そもそも彼らがデビュー時にモッズとして売り出されたのは、プロデューサーの戦略であったとする説すらある。これはビートルズの有名なエピソードとも重なる。The Beatles がマッシュルームカットにスーツというあの有名なスタイルでデビューしたのも、モッズを意識してのことだった、と彼らのプロデューサーだったブライアン・エプスタインは語っている[2]。

もちろん、small faces のように外見も中身もモッズというバンドもいた。ただ、彼らの場合も、ノーザンソウルの影響は顕著だった。small faces のボーカルのスティーヴ・マリオットや、デビュー当時、弱冠 16 歳にして天才的な歌唱で名をはせた The Spencer Davis Group のスティーヴ・ウィンウッドの声や歌唱法はどこまでも黒い。The Rolling Stones や The Beatles を筆頭にイギリスのバンドがアメリカのヒットチャートを席巻していたブリティッシュ・インヴェイジョン（イギリスの侵略）の時代にあって、イギリス本国では、逆に大西洋の対岸に住む黒人たちが歌うソウル・ミュージックこそ憧れの的だったのである。モッズたちが信奉するミュージシャンたちは、一部を除いてモッズの一員であったわけではない。それは後述するウッドストックフェスティバルの出演者た

2　レイ・コールマン（1992）『ビートルズをつくった男―ブライアン・エプスタイン』（持田ひめじ訳）、新潮社

ちがヒッピー風のファッションであったこととは対照的だ。ミュージシャン自体とファンが同じ１つの若者集団に属しているという意識がやや希薄なのである。その意味で、モッズはヒッピーと比べれば、相対的に「非共感の音楽」であったと言えるだろう。

音楽の歴史を見るとき、私たちはしばしば受け手と送り手を同一の文化の担い手と無条件に考えがちである。もちろん、シーンはミュージシャンとリスナーで形成されるわけだから、それも間違ってはいないだろう。しかし、モッズたちのありようを見れば、そうではないシーンのあり方が浮かび上がってくる。にもかかわらず、現在の私たちがそうした思考に陥りがちなのは、おそらくモッズとは異なる「共感」というコミュニケーションのあり方がロックの覇権を握ったからなのだ。

社会を変えない音楽文化
——モッズ・メーデーとクラブ・カルチャー

労働者階級の文化として強いアイデンティティを持つモッズは、現在でも毎年のメーデーに合わせて各地のライブハウスでモッズ・メーデーというイベントを開催している。このイベントの実際の様子を知ってもらうために、少しだけ思い出話をすることをお許し願いたい。

2005年頃、学生だった私は友人に誘われて——そしてその友人に金を借りて——モッズ・メーデーに行ったことがある。その際、他のライブハウスシーンとは一線を画す雰囲気に圧倒されたのを憶《おぼ》えている。もちろん、前述のモッズルックが珍しいということもあるのだが、何より他のライブイベントとは踊り方が全く違う。ダンスがクールなのだ。ライブでよく見られるモッシュやヘッドバンギングはおろか、拳《こぶし》を突き上げたり、ジャンプしたりといった行為もほとんど見られない。にもかかわらず、会場は明らかに盛り上がっている。スペースの空いた場所ではステージを見ることもなく、ゆったりと華麗に踊る男女もいたし、ブレイクダンスを踊り始める者もいた。当時、ライブハウスでブルースやパンク、オルタナなどといったジャンルばかり見ていた私は、その雰囲気に混乱し、最後まで落ち着かなかった。

このあり方がライブハウス文化というよりクラブカルチャーに近いものであることを知ったのはずっと後になってからのことだ。ディスコやハウス、テクノの歴史をまとめた名著『ブラック・マシン・ミュージック』には次のような記述がある。

> イギリスのDJカルチャーを生んだのは、六〇年代のモッズ・ムーヴメントだった。（中略）モッズこそDJを英雄視し、クラブを自分たちのライフスタイルに取り入れた最初の種族だった[3]。

ライブハウスとクラブでは楽しみ方が全く異なる。ライブハウスでは通常、ミュージシャンの方を見ながらそのパフォーマンスに合わせて盛り上がる。ミュージシャンを中心とした一体感を求める鑑賞法と言ってもよい。それに対してクラブは――お決まりの曲を流して予定調和的に楽しむハコを除いては――DJを見るのではなく、ただ音に身をまかせる享楽的な鑑賞がスタンダードである。言うなれば、中心のある「かっこいい系」の音楽が世にいう典型的な「ロック」であり、中心をもたない「気持ちいい系」の音楽がクラブミュージックなのだ。学生時代の私はクラブミュージックの楽しみ方をまだ知らなかったというわけである。

3　野田努（2001）『ブラック・マシン・ミュージック―ディスコ、ハウス、デトロイト・テクノ』河出書房新社、27頁。

当時の私が目の当たりにしたモッズ文化は、前述の「非共感の音楽」という感覚とも通底している。ミュージシャンを凝視し、ともに盛り上がるのではなく、彼らの奏でる音楽をBGMとして楽しむ。今思えば、そうした姿勢を彼らは体現していたのである。

そんなモッズは60年代の若者文化として語られることはあっても、社会運動として語られることはほぼない。彼らの文化は享楽的ではあっても、集団の共感をテコにして社会に牙をむくようなことがないからだ。たとえ社会を変えようとする志向を個々人では持っていたとしても、シーン全体としてはそうした政治的動きは皆無である。つまり、モッズ文化やその後継と目されるクラブ・カルチャーは明らかに「社会を変えようとしない音楽」シーンなのである。

60年代半ば、モッズはライダースジャケットを着込んで髪をリーゼントにまとめた「ロッカーズ」と言われる若者集団と激しく対立した。それはちょうど、ディスコが世間の常識人のみならず、ロックやファンクのミュージシャン達からさえ激しく指弾されたという事実（➡第4章で詳述）と二重写しに見える。何の社会的発言もせず、ただ快楽に身をゆだねることこそ、社会にとって、明確な反抗よりはるかに異物感が大きかったのかもしれない。

モッズの野郎ども

そんなモッズは前述したように、労働者階級に属する若者たちだった。彼らは日常的には下層労働者として働き、週末になるとモッズへと変貌する二重生活者であったとされている。このことは、モッズの生態が分かりやすく描かれている映画『さらば青春の光』の原タイトルが『*Quadrophenia*（四重人格）』であることにも象徴的に表れている。この映画自体が1973年に発表されたThe Whoの同名のアルバムを原案にしているから、労働者階級の若者という表の顔と週末のモッズという裏の顔を使い分けることはモッズの１つの典型的な生き方だったのだろう。

この映画のストーリーはさておき、社会学的な視点から見れば、作中に登場するモッズたちの行動原理が面白い。どうやら彼らはいかにカッコよく規範から逸脱するかを競っているように見えるのだ。街中で「We are mods!」とリズミカルに叫びながら行進し、暴動を起こしたり、クラブの二階から人ごみに向かって飛び降りたり、はたまた裁判所で罰金を命じられた人物が全く反省の色を見せず、その場で小切手をきってみたり。そんな逸脱行動を見るたびに彼らは喝采を送る。その様は一昔前の日本のヤンキーカルチャーを彷彿とさせる。それでいて、彼らには社会を変える気など微塵もない。平日になれば、一労働者に戻ってゆくのである。

こうしたモッズのあり方を理解するためのヒントを与えてくれるのが、ポール・ウィリスの著作『ハマータウンの野郎ども』である。イギリスの学校で聞き取り調査を行ったウィリスは、ブルーカラー（肉体労働者）の子弟がなぜやはりブルーカラーになるのか、つまり「階級の再生産」と呼ばれる現象がなぜ起こるのかについてその原因を明らかにしている。ウィリスの出した答えの一つはこうだ。彼らは決して誰かに強制されてブルーカラーになるわけではない。むしろブルーカラーの子弟たちは、肉体を使った仕事こそ男がつくべき仕事だ、というある種のプライドを持っているのだ。それゆえ、彼らは教師の言うことを聞く学生をバカにして学校規範に反する行動を称賛し、進んで肉体労働者への道を選び取る。メタな視点で見れば、それは社会の階層秩序を強化する行動にほかならないのだが……。

ウィリスの発見した社会変革を志向しない反抗のあり方は、階層的な面も含め、モッズ文化と符合する。彼らに主張はなく、自身の境遇を変える気もない。ただ週末ごとに「本当の自分」を開放し、享楽にふけるだけなのだ。

しかし、こうした主張なき反抗とも言える文化は一面的に批判されるべきだろうか。以下では small faces などが活躍した 1960 年代半ばから数年後、社会変革を志向してアメリカで花開いたヒッピー・ムーヴメントをモッズと対比的に描き出すことで、社会変革を志向する音楽文化の成立とその現代的帰結について考察してみたい。

ヒッピーの音楽性
――都会っぽいモッズ、田舎臭いヒッピー

音楽とヒッピーカルチャーの結びつきが分かりやすく観察できるのは、何と言ってもウッドストック・フェスティバルを記録したドキュメンタリーだろう。もはや語りつくされた感のあるイベントなので簡単に説明すると、ウッドストックとは 1969 年に開催された最初期の音楽フェスだ。延べ 40 万人の聴衆が詰めかけたとされており、演者にはジミ・ヘンドリクスやジャニス・ジョップリン、そしてモッズの代表的なバンドでもある The Who など当時のロックスターがきら星のごとく並んでいる。

面白いのは、モッズからわずか数年遅れのムーヴメント[4]であるにもかかわらず、音楽性がちょうど表裏の関係のように、微妙なところでほとんど重なっていないことだ。おそらく The Who が唯一の例外である。イギリスとアメリカで国が異なるということもある

4　モッズの最盛期をいつと考えるかは諸説ある。small faces などがメジャーのシーンで評価を得た時期は1960年代半ばであるが、彼らはあくまで「後追い世代」であって、実態として盛り上がったのは60年前後であるとする説が有力だ。ただ、ヒッピーの歴史もまた、一定の幅を持っている。ウッドストックは最盛期であると同時にそこから急激に退潮していく時期でもある。そう考えれば、メジャーなシーンで人気を博し、衰退を始める時期で比較すれば、両者の時差は数年か、せいぜい五年程度のギャップということになる。

だろうが、イギリスのバンドが全く出演していないわけではない。加えて、ブリティッシュ・インベイジョンの影響が冷めやらぬ時期でもある。では、これほど二つの文化がすれ違ったのはなぜだろうか。まずは音楽的背景を見てみよう。

間違いなく、このフェスに出演した白人ミュージシャンたちもモッズ・シーンで活躍していたバンドと同じく、黒人音楽からの影響を強く受けていた。しかし、彼らが必死で近づこうとしていたのはブルースと――彼らが当時そう呼んでいたかどうかは別にして――サザン・ソウルだった。

身も蓋もない言い方をすれば、ブルースとはブルース進行と呼ばれるごく単純なコード進行を基本にしているため、いくつかバリエーションはあるものの、人によっては「全部同じに聴こえる」ような音楽である。にもかかわらず、Ten Years After（個人的にはウッドストックのベストアクトだと思っている）や、ジョニー・ウィンターといったミュージシャンはその枠内で見事にオリジナリティを発揮している。もちろん、モッズに信奉されていたミュージシャン達も間違いなくブルースを聴いていたに違いないし、ブルース進行の曲も散見される。しかし、これほど忠実にブルースをやり通すミュージシャンは、モッズ・シーンの中心にはいなかった。

サザン・ソウルとは、モッズたちの好んだノーザン・ソウルとは対照的に土臭い、もう少しはっきり言えば田舎っぽいソウルである（個人的には夜聴くのに適した音楽がノーザン・ソウル、昼に合うのがサザン・ソウルと感じているのだが、どうだろう？）。数少ないイギリス人出演者のジョー・コッカーはスワンプ・ロックやサザン・ロックと呼ばれる、サザン・ソウルに強い影響を受けた音楽性を披露している。当時、サザン・ソウルに近いことをしようとすれば、イギリスを飛び出すしかなかったのだろうか。少なくともウッドストック出演時の彼のいでたちは完全にヒッピースタイルであり、祖国のトレンドであったモッズの影響は全くと言っていいほど感じられない。そのほか、サイケデリック・ロックと呼ばれるドラッグと強く結びついたジャンルに分類されるJefferson Airplaneなどもサザン・ソウル由来の土臭さを感じさせる。

もちろん、これらに加えてアメリカの伝統に根差したフォークやカントリー・ロックのミュージシャンも数多く出演していた。フォークの歌姫、ジョーン・バエズやカントリー・ロックの雄、The Grateful Deadなど、現在から見れば伝説的なミュージシャンが目白押しである。逆に言えば、ボブ・ディランやThe Beatlesこそいないものの、モッズが好んだミュージシャン以外はほとんど網羅的に出演しているとも言える。その意味で、ヒッピーはまさにモッズと表裏の関係にあったと言えそうだ。

社会変革を目指す音楽文化 ——ヒッピー・ムーヴメント

ドキュメンタリー映画『ウッドストック』を見れば一目瞭然だが、ここに詰めかけた聴衆のほとんどはヒッピーと呼ばれる若者たちだった。ジーンズを履き、髪や髭《ひげ》を伸ばし、上半身にはネイティブ・アメリカンを彷彿とさせる模様の布や髪飾りを身につける。これが典型的なヒッピースタイルだ。当時のヒッピーたちはベトナム戦争や人種差別への反対を表明し、ラブ&ピースを叫んだ。モッズとは異なり、社会のあり方に異議を唱える政治的な運動であったことが分かる。

しかし、公民権運動とリンクしていたはずのウッドストックの出演者に黒人ミュージシャンが極端に少ないのはどういうわけだろうか。フロントに白人をおいた人種混成バンドを除けば、黒人が中心を担うバンドはわずか三組に過ぎない。

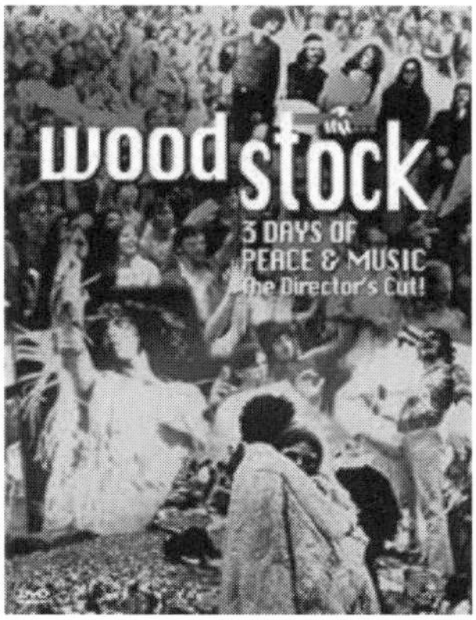

図1-2　ウッドストックのドキュメンタリー

オープニングアクトをつとめたリッチー・ヘブンスは黒人ミュージシャンには珍しいフォークシンガーで、アコースティックギター一本でグルーヴ感を生み出す素晴らしい演奏を披露しているし、Sly & The Family Stone は期待通りのファンキーな演奏を聴かせてくれる。そしてジミ・ヘンドリクスはほとんどの客が帰った後ながら、あまりにも有名なアメリカ国歌のロックバージョンを演奏し、ウッドストックのシンボルとなった。

しかし、出演していた白人ミュージシャンたちが愛してやまないはずのブルースやサザン・ソウルのミュージシャンは、存命中であるにもかかわらず、誰一人出演していない。あくまで現在から見た後智恵ではあるが、ブルースならロック・ミュージシャンにとりわけ強い影響を与えたマディ・ウォーターズやジョン・リー・フッカー、ハウリン・ウルフなどを招いてもよかったのではないか。あるいはサザン・ソウルなら The Staple Singers やニーナ・シモンなど偉大なミュージシャンがごまんといたはずだ。現在ではロックの聖典と化しているウッドストックだが、あえて過激な言い方をすれば、白人による黒人音楽の物真似大会と見えなくもない。もちろん、いずれも素晴らしいパフォーマンスなのだが、ごく私的な感慨を述べれば、あのドキュメンタリーを初めて見たときから消化不良感はぬぐえなかった。

何らかのやむにやまれない事情があったのか、あるいは当時の感覚では彼らはもはや若者音楽の担い手ではなかったからなのか。そのあたりの事情については寡聞にして知らないし、それが分からない現代人が当時の人間を一方的に間違っていたと言うのはフェアではないだろう。ただ、当時のヒッピーたちが意識していたか否かに関わらず、その要因となっている可能性があるのは、ヒッピーの階層性の問題だ。

前述したように、ヒッピーたちは俗っぽい言い方をすれば、「どろどろの格好」をしていた。実際、野外生活を営んでいた人々もいたから、文字通りホームレスのようないで立ちの者すらいただろう。ところが、こうした見た目に反して、彼らの階層は思いのほか高い。数少ないヒッピーの研究書の中で、当時ほぼリアルタイムで彼らを観察し、インタビューを敢行した著作『*The Hippie Trip*』によれば、彼らのうち、およそ70.8%が中流以上の家庭の子供であり、半数以上が大学に一年以上在籍したことがある若者たちだった[5]。加えて黒人のヒッピーはほとんどいない。当時のアメリカの進学率が20%前後だったから、これは明らかにエリート層の運動であるといえる。国が違うから単純比較はできないものの、ヒッピーは労働者階級の若者たちであったモッズとは明らかに異なる階層に属していたのである。

ヒッピーたちはしばしばコミューンと言われる村のような共同体を森の中に作って自給自足生活に入り、社会から完全にドロップアウトした。だが、彼らがモッズのように労働者とヒッピーの二重生活を送る必要がなかった背景には、明らかに家庭の裕福さがあった。裕福な家に生まれ、それなりに教育を受けた若者による親世代への反抗。これがヒッピー・ムーヴメントの正体であり、「音楽は世界を変える」という神話の出発点であるといえるのではないか。

そう考えてみると、モッズとヒッピーのファッションの違いは「ないものねだり」の発露という気すらしてくる。日常的に背広を着る

5　Yablonsky, Lewis, *The Hippie Trip: A first hand account of the beliefs, drug use and sexual patterns of young drop-outs in America* (USA: Universe, 1968).

ことの少ない職に就くモッズは主流のファッションをあえてズラしながらも、ジャケットやネクタイをクールに着こなして見せる。一方、ヒッピーはホワイトカラーの家柄が多いと推測されるため、そういった服装を避け、ジーンズを履き、ゆったりとした服に身を包む。自身の置かれた環境からの距離感こそ、こうした若者たちをひきつけたのである。

裕福な人間が左派運動に走るのは現在にいたるまでよく見られることではあるし、それが無意味だと言うつもりもない。また、恵まれた人々には虐げられた人間の気持ちが分からないなどと主張するほど人間の想像力に絶望もしていない。しかしそれでも、ウッドストックに出演者たちのルーツとも言える黒人ミュージシャンがほとんど参加していないことには、ある種の必然を感じざるを得ない。

音楽で社会を変えようとするか、それとも音楽に一時の享楽を求めるか。この一点において、多くの黒人たちの音楽との関わり方は、同じアメリカに住むヒッピーよりも、海を隔てたイギリスの労働者階級であったモッズに近かったのではないか。黒人たちもモッズも正義など語らず、団結も求めず、ただ、音楽を楽しもうとしたからだ。ヒッピーと彼らの間にある、いかんともしがたい余裕の差、あるいは絶望の差。それこそが階層の問題が引き起こす本質的な断絶であったかもしれない。

話はやや脇道にそれるが、そう考えれば、1985年に再び社会を変えるためにミュージシャンが結集したLIVE AIDで「We are the world」が熱唱されたことも一種の皮肉に見えてくる。周知のとおり、作曲者の１人は、スターに上りつめた後、整形をくりかえし、自らを白人化しようとしたマイケル・ジャクソンである。しかし、当日のライブにこの曲の作曲者であるマイケルの姿はなかった。理由については諸説あるが、デトロイトのモータウンからThe Jackson 5のボーカルとしてキャリアをスタートさせたマイケルにとって、音楽で社会を変えようとする試みがはたしてしっくりきていたかどうか。音楽に社会変革を求めるか否かは現在まで続く普遍的な問題であると言えよう。

ヒッピーはどこに行った?

ではその後、社会からドロップアウトしたヒッピーたちはどこに行ったのか。そして、社会は本当に変わったのだろうか。ヒッピー以後の社会と彼らの関係については次のような面白い指摘がある。

> 一九六〇年代の半ばにかけては、髪をのばしジーパンをはくのは社会への反抗を示す旗印になったが、一九七〇年前後からヒッピースタイルという言葉さえ生まれるようになった。大学生といえばまずヒッピースタイルであり、それを教える教授たちのなかにもヒッピースタイルが目立ち始めた。(中略) こういう時代になると、ヒッピーは完全に吸収されたわけであって、反体制文化は主流に席を変える時期がきたと言えるようだ[6]。

ある意味で、ヒッピーは社会を変えた。ヒッピースタイルは社会に受け入れられたし、彼らの運動がどの程度影響したかはともかくとして、やがてベトナム戦争も終結する。しかし見ようによっては、社会の側が見事にヒッピーを飼い馴らしたようにも見える。反抗の象徴であったヒッピーのファッションは社会に受け入れられ、誰もがジーンズをはき、長髪も目立たなくなっていった。今、ジーンズや長髪を見て、ヒッピーだと思う人間は誰もいない。社会の側がヒッピー化することで、逆説的に彼らが本来持っていた抵抗の意味合い

6　宮本陽吉 (1979)「ヒッピーと対抗文化」『戦後世界史の断面　下』(朝日ジャーナル編)、朝日新聞社、39-40頁。

は薄れ、無毒化されていったのである。

現代に生きる我々がこのことを実感できるのは、アメリカの巨大企業の起源を見たときだろう。Apple も Starbucks も実は創業者はヒッピー出身者か、あるいはヒッピー文化に強く影響された人々である。まさにヒッピーたちは世界の主流になっていったのである。スターバックスで Mac を開くという典型的な「意識高い系」カルチャーの由来は実はヒッピーにありというわけだ。

面白いのは、こうした抵抗と無毒化という「飼い馴らし」の手法を他ならぬ Apple 自体が採用していることである。私自身がそのことに気付いたのは 2014 年に放映された iPhone 5s のテレビＣＭを目にしたときだ。そのＣＭには、世界中に散らばる人々（と言っても全員が欧米人に見える）が iPhone を使って同じ曲を演奏する様が描き出されていた。いかにも、「iPhone を持っている人はクリエイティブですよ」と言わんばかりに……。

ＣＭで使われていた楽曲のタイトルは「Gigantic」。1980 年代後半のアメリカに登場した Pixies というバンドの作品だ。彼らはいわゆるオルタナティブ・ロックの元祖として位置づけられている。この「オルタナティブ・ロック」という言葉は個人的にあまり好きではない。直訳すると「別の選択肢のロック」、あるいは「その他のロック」。横文字を使っているだけで結局何も説明していない感じがイヤなのだ。音楽のジャンル分けとしてあまりにもいい加減ではないか、と。ただ、Pixies に限って言えば、たしかにこのカテゴリに属している感じがする。混沌として捉えどころがなく、分類不能。そこがいい。

件のＣＭはこの Pixies の「オルタナティブ」を「クリエイティブ」へと読み換え、みごとにマーケティングしてみせた。考えてみれば、オルタナティブとクリエイティブは隣接概念ではある。創造性に富んだものは新しい。新しいものは誰も見たことがない。ゆえに分類不能、つまり「その他」としか言いようのないものになるはずである。だからPixiesを使ってクリエイティブさを演出しようとするAppleの方法論はどこまでも正しい。

だが注目すべきは、同じPixiesの楽曲が90年代にはAppleを批判する文脈で使用されていたことだ。CM放送からさかのぼること約20年前、同じPixiesの代表曲「Where is my mind」を主題歌にした映画『ファイトクラブ』で、Appleは体制秩序の象徴として描かれているのである。映画の細かいストーリーについてここでは触れない。ただ、その劇中で社会秩序への抵抗を企図する集団がこれ見よがしに破壊して見せるPCショップにはまぎれもなくリンゴのマークが描かれていた。映画の中の全面対立から20年。それだけの歳月をかけてAppleという企業はPixiesを飼い馴らしたのである。

この事例からも分かるとおり、既存の枠組みを外れた文化の誕生とその解毒というサイクルは現在もなお繰り返されている。種を明かせばなんのことはない、Appleはかつてジョブズを筆頭とする創業者たちが社会によって飼い馴らされたのと同じ手法でPixiesを飼い馴らしたに過ぎないのである。

こうした連綿と続くサイクルの一環としてヒッピーたちは社会に反抗し、一度はドロップアウトしながらも社会の主流となって戻ってきた。しかしなぜ彼らは戻ってきたのだろうか。こうした現象についてインターネットとアメリカ文化を関連づけながら論じた池田純一によれば、彼らに社会復帰の思想的根拠を与えたのは、グレゴリー・ベイトソンという一人の人類学者だった。

> ベイトソンの見方に倣えば、都市から退却してもしなくても、世界は生態系として一つであり、外部に抜け出すことはできない。そうであれば、どこであろうと今あるこの場所が変革を実

> 践する場となる。（中略）実際にベビーブーマーはアメリカ社会に戻り、中には一定の社会的成功を収める人たちも出てきた。〝Bobo（ボボ）〟つまりボヘミアン・ブルジョワと呼ばれる人たちだ。企業人やインテリとしての成功者（＝ブルジョワ）の中で、ライフスタイルとしてカウンターカルチャー時代に重視された、自然や相互扶助を尊ぶスタイル（＝ボヘミアン）を選択した人たちのことだ。彼らは、オーガニックな食品を愛好し、DIY を重視する[7]。

社会から撤退したはずのヒッピーたちはこのベイトソンの議論に基づき、社会の内側から社会を変えることを選んだというのである。

前述したように、たしかにヒッピーたちは社会を変えたように見える。しかし、そんな彼らの築いてきた文化がどこか鼻持ちならないのは私だけだろうか。老年に達した彼らは自然保護を主張し、差別や貧困のない世界を目指して今も活発に自らの意見を発信する。最新鋭のタブレットや PC を片手に庶民にとっては贅沢品ともいえる無農薬野菜やフェアトレードで購入した高価なコーヒーを口に運びながら。

サブカルチャーとカウンターカルチャー

ここまでモッズとヒッピーを眺めてきた。社会を変えようとしないにも関わらず、社会には浸透せず、ごくマニアックなシーンに閉じ込められていったモッズ。一方、社会の変革を志向し、やがて支配的な文化へと姿を変えて浸透していったヒッピー。彼らのあり方を通して文化の類型について少し考察を深めてみよう。

7　池田純一（2011）『ウェブ×ソーシャル×アメリカ―〈全球時代〉の想像力』、講談社、104頁。

キーワードは「サブカルチャー」と「カウンターカルチャー」である。少なくとも日本においては、これらの文化は混同されがちだ。まずはその原因にさかのぼり、誤解を解いておきたい。

おそらく原因は二つある。その第一は「サブカルチャー」に対する訳語の問題だ。一般にサブカルチャーは日本語では「下位文化」と訳される。この日本語にひきずられると、対義語は「上位文化」となり、それをもう一度英語に直訳すれば「ハイカルチャー」となる。しかし、ここで立ち止まって考えて欲しい。英語の「Sub」の対義語は本来「main」であるはずだ。日本語に訳す過程で明らかに意味がずれていることが分かる。メインカルチャーは日本語にすれば「主流文化」となるはずであり、そこから考えれば、本来のサブカルチャーの意味は「非主流文化」とでも訳すことが出来るはずである。

こうした言語的な障壁によって日本人はサブカルチャーという言葉を部分的に誤解したまま輸入してしまった。「下位文化」からの連想で社会的に「低俗」だとされる文化をサブカルチャーだと単純に理解してしまっているのだ。それゆえにアニメや漫画なども「サブカル」と呼ばれ、ひとくくりにされる。しかし、元来のサブカルチャーとはマイノリティや社会的弱者など社会的に特異な小集団を担い手とする文化を指す。つまり、本章の議論では、モッズは明らかにこのサブカルチャーの担い手であると言えるだろう。もちろん、そうした文化が「低俗」とされることも多いからあくまで「部分的な」誤解ではあるのだが。

以上を念頭に第二の原因、この二つの文化の関係性の複雑さについても論じておこう。サブカルチャーとカウンターカルチャーの関係については様々な議論がある。「対抗文化」と訳されるカウンターカルチャーを、サブカルチャーの一種とみなす論者もいる。しかし、支配的な社会秩序に対抗するのはマイノリティや社会的弱者だけだ

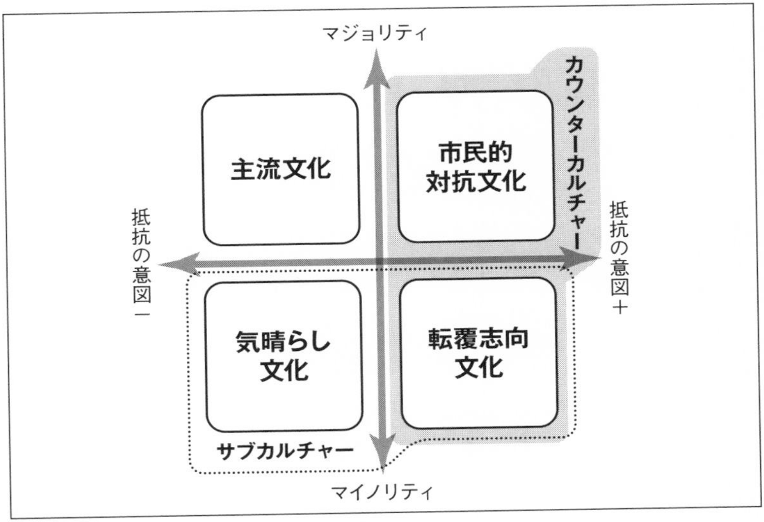

図 1-3　サブカルチャーとカウンターカルチャー

ろうか。むしろ、ヒッピーとモッズの比較から見えてきたのは、それなりに教育を受け、社会的に恵まれた立場の人々こそが社会変革を目指すのであって、その逆ではないということだ。むしろ社会的に低い立場であればあるほど、政治的な理念を掲げる余裕や希望を抱く余地などない場合が多い。少なくともモッズとヒッピーはサブカルチャーとカウンターカルチャーが決して同じではありえないことを雄弁に語っているのだ。

こうした混乱は全く異なる基準で分類された文化を同じ俎上《そじょう》で議論しようとしていることに原因がある。サブカルチャーとは、その文化の担い手によって区分されたカテゴリーである。それに対して対抗文化とは、現在主流の文化に抵抗しようとする意図の有無によって区切られたカテゴリーだ。たしかにどちらも主流文化ではないのだが、両者の間には非主流と反主流という大きな違いがある。

これら二つの基準を加味すれば、文化の区分は図 1-3 のように整理できる。担い手がマジョリティで、抵抗の意図を持たない文化を主流文化とすると、図の下半分がサブカルチャー、右半分がカウンターカルチャーとなる。ここでは便宜的に抵抗の意図を持たないサブカルチャーを「気晴らし文化」、マジョリティを担い手としたカウンターカルチャーを「市民的抵抗文化」、そしてサブとカウンターの両文化が重なる部分を「転覆志向文化」と名づけた。どの程度的を得たネーミングか分からないが、大まかにはこれで説明がつくはずだ。こうしてみるとサブカルチャーとカウンターカルチャーは類似の概念でもなければ、包含関係でもない。たまたま重なる部分があるだけの全く異なる文化類型なのである。

社会を変える音楽と変えない音楽

こうした理論枠組みから考えれば、労働者階級を担い手としつつ、抵抗の意図を持たないモッズは左下、白人の中流出身者を中心とし、大人世代への抵抗を表明したヒッピーたちは右上にあたると考えるのが妥当だろう。モッズもヒッピーも主流文化から距離を置きながらも、互いに対極の位置にあることが分かる。「ベートーヴェンをぶっとばせ！」と叫ぶのがヒッピーだとすれば、「ベートーヴェンなんて知らねえよ」がモッズの属する気晴らし文化のスタイルなのだ。

「社会を変えようとする音楽」とはカウンターカルチャーに属する音楽であり、モッズやクラブ・カルチャーのような「気晴らし文化」はそこから排除される。いや、正確にはマイノリティでありながら抵抗の意図を持たない人々の文化は視野に入らないと言った方がいいかもしれない。

思えば、ロックはこの「社会を変えようとする音楽」という呪縛にとらわれ続けてきた。1969年のウッドストックがロックの一つの到達点として繰り返し言及されることはその証左である。その意味では、ロックという音楽フォーマットの覇権を握ったのはヒッピーたちだったと言える。しかし、果たしてヒッピーは本当に社会を変えたのだろうか。

モッズが階級の再生産と深く関わる文化であったのと同じように、ヒッピーもまた階級の再生産と不可分な文化だった。ただ、モッズは労働者階級としての矜持を胸に既存の社会規範から単純に「逸脱」することを楽しんでいたのに対して、支配的な階層出身のヒッピーたちは、自身の出身階層らしい思考によって、社会自体を作り変えることを目指したというだけである。それでも、彼らは裕福な家庭に生まれ、市民運動を経て最終的にはやはり裕福な生活にたどり着く。もちろん、そうした運動が無駄だったとは言わない。しかし、皮肉なことに彼らの存在自体が階級の再生産という社会システムを体現してしまっている。ヒッピーは主流文化の担い手の子供たちであり、だからこそ社会は彼らの主張に耳を傾けたのだ。

そう考えてみると、より大きな視点で見た場合、むしろ社会秩序にとって危険な存在はモッズの方だ。彼らは無目的に週末ごとの気晴らしを楽しむ。政治的主張など皆無。DJ が流す黒人音楽と、それにインスパイアされたロックバンドの曲に我を忘れて踊り狂う。しかし、快楽を貪《むさぼ》るという行動様式自体が主流文化の担い手たちにとっては脅威にうつる。堂々と議論をしかけてくるわが子たちと違って、彼らの目的がさっぱり分からないからだ。もちろん、モッズたちに目的などない。しかし、その存在自体が「目的を持って行動する」という近代的な行動様式自体を揺さぶってしまう。

同時代にこれほど異なる若者文化が花開いたのは、お国柄の違いも大きいだろう。階級社会イギリスにおいては労働者階級の絶望、いや「ヤケクソ」がモッズを生み出した。他方、対話を重視するアメリカの市民社会では、市民階級による異議申し立てとしてヒッピーが生まれた。ヒッピーが華やかなりし時代、アメリカで盛り上がったフェミニズム運動の標語は「個人的なことは社会的なことである」だった。一方、それから十数年を経て、イギリスの首相、マーガレット・サッチャーは女性誌のインタビューで「社会などというものはない。あるのは個人と家族だけだ」と語っている。この違いを左派活動家と保守主義的な政治家との立場の相違に帰することもできよう。しかし、市民的連帯を伝統とするアメリカにおいては、たとえ保守主義者であったとしても、いや、保守主義者であればあるほど、こうしたセリフを吐くのは難しい。音楽趣味という個人的なものをどう捉えるかという発想は案外、こうした根本的な伝統の違いに起因しているのかもしれない。

ここまで、モッズとヒッピーに代表されるポピュラー音楽の2つの潮流を見てきた。最後に彼らのその後を象徴する2つのバンドを挙げて本章を終えたい。

それは彼らの時代から20年余り後のこと、1991年に2枚の歴史的なロックアルバムが発表される。アメリカでは、カート・コバーン率いるNirvanaの『Never mind』。他方、イギリスではボビー・ギレスピー率いるPrimal Screamの手によるクラブミュージックを取り入れた『Screamadelica』。どちらも時代を画す名盤とされている。これらの音楽は本章で論じた二つの文化の延長線上にあるように思えるが、彼らのその後は対照的である。このアルバムが発表されて3年後、カートは売れていること自体への罪悪感から自死を選んだ。セールス的に成功した彼は「抵抗」というロックの呪縛との板挟みに耐えられなかったのだ。一方、Primal Screamはこれを書いている2020年の現在も曲を発表し続けている。

面白いことに、ボビー・ギレスピーは別のアルバムで「Kill All Hippies」なる曲を書いている。ヒッピーに特段の感情はないというが、その歌詞は辛らつだ。

「You got money, I got soul（お前たちは金を手に入れた、俺は魂を手に入れた。）」

ヒッピーに端を発する市民的対抗文化からロックに接近した者は金持ちになって魂を売るか、もしくは魂を捨てて天国に行くしかない。逆に「気晴らし」文化として音楽をただ楽しむ人間は魂を売ることも捨てることもなく、踊り続けることができる。そんなメッセージに読めないこともない。社会を変えるだなんて無粋なことを言うなよ。音楽とは本来、気晴らしなのだから、と。

ロックやポピュラー音楽を社会変革と結びつけるのは決して悪いことではない。しかし同時に、必ずしもそうでなくてもいいということ、そして社会変革の夢を語る音楽が大きな階級構造自体を変えはしないこともまた知っておくべきである。ロックはそれほど暑苦しいものばかりではないのだ。「思い込み」に捉われることなく自由に音楽を楽しむために、そして真に社会を揺るがし、面白くしてくれるような音楽と出会うためにこそ、ロックの黎明期《れいめいき》から存在する呪縛を意識化することが重要なのである。

SPENCER DAVIS GROUP, SMALL FACES, JANIS JOPLIN など

↓

↓

The Staple Singers
『Be Altitude: Respect Yourself』（1972）

南北黒人音楽のハイブリッド

音楽との出会いはいたるところにある。私がこのアーティストに出会ったのは、テレビ朝日系列で今も続く長寿番組、「世界の車窓から」だった。テレビからたまたま流れてきた楽曲がThe Staple Singersのメインシンガー、メイヴィス・ステイプルズのソロ作品だったのである。

当時、彼らについて全然知らなかったので少しネットで調べてみると、出るわ出るわ。受賞歴の嵐である。The Staple Singersとしては2005年にグラミー賞の特別功労賞を受賞しているし、メイヴィス個人は2010年にオルタナティブ・カントリーの雄、Wilcoのジェフ・トゥイーディによるプロデュースで発表したアルバム『You Are Not Alone』がアメリカン・ルーツ部門で最優秀賞を受賞している。くわえて、2008年に発表された「ローリング・ストーンの選ぶ歴史上最も偉大な100人のシンガー」では56位にも選出

されている。
メイヴィスは現在も現役で作品をリリースし続けているから、アレサ・フランクリン亡き今、ソウルの数少ない「生ける伝説」の1人のはずだが、日本における知名度はそれほど高くない。もちろん、ソウルやR & B、ゴスペルを掘り下げている人なら誰でも知っているのだろうが、なぜか「まあまあ好き」ぐらいの人にはほとんど知られていない。
彼らが偉大なのは、いくつもの周辺の音楽をつなぐハブになっていることだ。ステイプルズ一家はメンフィス出身で、サザンソウルの有名なレーベル、スタックスに所属している。しかし、メイヴィスたちが生まれる頃から一家はずっとシカゴに住んでいたというから、南北のソウルのハイブリッドなのである。このアルバムもファンクあり、まったりしたノーザンソウル系の曲ありで飽きさせない構成になっているし、The bandのドキュメンタリー映画『The Last Waltz』では「Weight」という曲に参加し、カントリー調の曲でも存在感を発揮している。
「純喫茶」「純文学」といった言葉に代表されるように日本人は「純粋」なものを評価する傾向が強い。しかし、「純粋」なものは時に単調であったり退屈だったりする。ステイプルズ一家の作品を聴けば、むしろ「雑種の豊かさ」を体感できるのではないだろうか。

↓
↓

ARETHA FRANKLIN, THE BAND, CURTIS MAYFIELD, DONNY HATHAWAY, GLADYS KNIGHT & THE PIPS, 麻生レミ（内田裕也&フラワーズなど）, 大上留利子 , 金子マリなど

TEN YEARS AFTER, JOHNNY WINTER など

Howlin' Wolf
『The London Howlin' Wolf Sessions』（1971）

ウッドストックの裏側で

本編でも少し触れたが、ウッドストックに出演していたミュージシャンよりも出演しなかったミュージシャンを考えてみるのは面白い。当時、現役バリバリだった The Rolling Stones や直前に Cream を解散していたエリック・クラプトンなど、現在まで息の長い活動を続けているロックのレジェンドたちが意外と参加していないからである。

偶然だろうと思うが、本作はそんなウッドストックに参加しなかったミュージシャンたちが、これまたブルース界のレジェンド、ハウリン・ウルフを囲んでロンドンで行ったセッションの記録である。ギターにはエリック・クラプトン、The Rolling Stones からは主にリズム帯のチャーリー・ワッツとビル・ワイマンが参加し、キーボードとして Spencer Davis Group のボーカル、スティーブ・ウインウッドが加わるという豪華ぶりだ。黒人のブルースに憧れ、模倣しまくってきた彼らにとっては、これ以上ないほど嬉しい申し入れだったことは間違いない。

他の作品を聴けば分かるように、ハウリン・ウルフはもともと結構いなたい（田舎っぽくて土臭い）音で、そこに彼のしゃがれたボーカルが入ってくることで、雰囲気抜群の楽曲が成立している。そのハウリン・ウルフにブルースロックの都会的なテイストが加わった本作は意外にバランスが良い。当時脂が乗りまくっていたクラプトンがロック的なかっこいいフレーズをガンガン入れてくるので、ブルースを聴きなれていないロック好きにとっては、入門編としても薦められる。

また、アルバムの中で１曲だけ録り直しテイクが入っているのも本作の魅力の１つだ。「The Red Rooster」というウルフの代表曲の１つなのだが、出だしの部分がうまく合わなかったらしく、あのクラプトンが「どうやったらいいか見せてもらっていいですか？」などと教えを乞うているのである。当時キレキレだったはずのクラプトンがまるでバンドキッズのようになっていてなんだか可愛い。

ウッドストックに出演して間もなく夭折したジミ・ヘンドリクスやジャニス・ジョップリンも確かに偉大だった。だが、死んで伝説になるより、生きてこうした時代の息吹を伝え続けているミュージシャンたちはさらに偉大である。このセッションに参加した当時の若きロックスターたちのほとんどが今も存命で活躍し続けていることに拍手を送りたい。

↓
↓

ALBERT KING, BUDDY GUY, MUDDY WATERS, THE ROLLING STONES, WEST ROAD BLUES BAND, 憂歌団

第2章

苦労した人こそホンモノの音楽を創れる?

――フォークと文化の価値転換

成毛滋が上手いのも……

1973年に自主制作盤を発表した「静岡ロックンロール組合」というバンドがいる。京都の村八分によく似た和製ストーンズのようなサウンドを聴かせてくれる彼らだが、「お金がいちばん」という楽曲に次のような歌詞が登場する。

成毛滋が上手いのも　お金のせいかもしれないぜ
ウッドストックが成功したのも　億万長者がいたからさ

成毛滋《なるもしげる》とは1960年代から70年代にかけて様々なバンドや企画を渡り歩き、一時代を築いたギターヒーローだ。彼がこの楽曲に名指しで登場しているのには、わけがある。超がつくほどの金持ちなのだ。成毛はブリヂストンの創業者の孫であり、彼の父親は同社の副社長を務めていた。また、親戚の中には後に民主党政権下で内閣総理大臣を務めた鳩山由紀夫《はとやまゆきお》がおり、成毛自身とは従兄弟にあたる。まさに「華麗なる一族」出身のギタリストであると言えよう。

この身も蓋もない楽曲で静岡ロックンロール組合が白日の下にさらしているのは、ポピュラー音楽と出自の関係である。当時の日本にあって洋楽のレコードをいち早く入手できたのも、高額なエレキギターを入手できたのも、いわゆる「ええとこの子」がほとんどだったのだ。

こうした状況は実のところ現代でもそう変わりはしない。永谷園の創業者一族であるChayや、いずみたく（「見上げてごらん夜の星を」の作曲者!!）の孫にあたるラブリーサマーちゃん、昭和の大実業家・横井英樹《よこいひでき》の孫のZeebraなど、ジャンルを問わず、「ええとこの子」が目につく。正確に統計をとったわけではないから断言はできないが、現代にいたるまで良質な楽曲を創ってきたのは、こうした「恵まれた境遇」に生まれた人々だったのではないか。経済的には少し頑張れば誰でも楽器を買える時代になった。しかし、金で買うことができないのは、「才能」と同一視されるほど身体にしみ込んだ文化的な財産（文化資本）である。○○の孫や一族といった人々が多いのは、文化資本の蓄積には経済的な資本以上に時間がかかるからだろう。突然金持ちにはなれても、突然「才能ある人間」にはなれないのだ。

図 2-1　静岡ロックンロール組合

しかし、こうした現実とは裏腹に、テレビ番組などにゲストとしてミュージシャンが出演したとき、決まって語られるのは彼らの波乱万丈な生い立ちか、もしくは苦労を重ねた下積み生活だ。特に苦労がない場合には、アルバイト時代の苦労話までもが引き合いに出され、なんとかして「苦労人」という印象を刷り込もうとしているように見える。それで音楽の質が変わるわけではない。ただ、ある種の「箔」がつくことも否めない。少なくとも番組を作っている側はそう考えているのだろう。

本章ではそうした「苦労人こそホンモノの音楽を創れる」というような「思い込み」に光をあててみたい。それが生まれたのはおそらく、1960 年代後半のこと。後述するように、この時期、文化的な価値観は「上昇志向」から「下降志向」へと大きく転換したように見える。当時流行していたフォークの歴史は、そうした価値観の転換をその内実とともに鮮やかに映し出してくれるだろう。

「学生時代」と「神田川」のあいだ

現在、「フォーク」という言葉から一般に想起されるのはかぐや姫やさだまさし、吉田拓郎《よしだたくろう》、井上陽水《いのうえようすい》といった70年代を中心に活躍したミュージシャンたちだろう。彼らはフォークとみなされてはいるが、場合によっては「ニューミュージック」というカテゴリに入れられることもある。ニューミュージックとは、自分で作った曲を自分で歌うミュージシャンの楽曲を指す言葉だ。作詞・作曲者と歌手が分業制になっている歌謡曲と差別化されることで、当時の若者に人気を博した。彼らの多くは後に楽曲提供などもしながら、流行歌の世界で近年にいたるまで息の長い活躍をしている。だからフォークと言ったときに、彼らのイメージがまず浮かぶのは当然のことであるといえよう。

しかし、その前史とも言える60年代後半のフォークを聴いてみると、世界は全く違う。プロテスト・ソングと呼ばれるストレートな社会批判を含んだ楽曲やユーモアの塊のようなコミックソングなど、おおよそその後の流行歌の系譜に位置づけられないような作品が多い。

こうした断絶を佐藤八寿子《さとうやすこ》は、「リアルフォーク」と「レトロフォーク」という名称で整理している。リアルな革命を夢見た60年代フォークに対して、70年代フォークは果たされなかった革命を悼むレトロスペクティヴ（過去をかえりみる）なフォークであるというのだ。全ての楽曲がそうでないにしろ、この見立てはある程度正しい。バンバンの「いちご白書をもう一度」に登場する以下のような歌詞はその典型であるといえよう。

就職が決まって　髪を切ってきたとき
もう若くないさと　君に言い訳したね

70年代フォークの一部が貧乏くさく、未練たらしい「四畳半フォーク」と揶揄《やゆ》されることになったのも、このあからさまな過去への憧憬《しょうけい》ゆえだといえる。佐藤はこうした変化を大学進学率の上昇に伴う大学生の地位低下と関連づけて論じる。

> 七〇年代の教育拡大期は、「憧れの大学生」に「自分もなりたい」「わが子をならせてやりたい」という強烈な欲望の時代でもあった。すでに内実は「レトロ」だったフォーク・ソングも、こうした大衆の高学歴への欲望によってさらに消費されたのではなかろうか。（中略）しかし、欲望の対象であるところの「学生」のオーラは、その欲望が次第に実現されていくより早く、急速にその輝きを失いつつあった。（中略）学生文化としての七〇年代フォーク・ソングの受容は、まさにすでに消え去った「学歴の輝き」へのレクイエムであると同時に、新たな主役・大衆による疑似貴族文化だったのではないか[1]。

つまり、大学が大衆化したことで輝きを失った大学生という身分のありし日を疑似的に追体験することで人びとは欲望を満たしていたというのである。こうした解釈は、1970年頃を境にしたフォークの変化をリスナーの高等教育に対する憧れと関連づけて論じている点で重要である。

しかしその一方で、そうした「疑似貴族文化」が「貧乏くさく」あらねばならなかった理由については触れていない。例えば、「神田川」の主人公はなぜ「三畳一間の小さな下宿」で恋人と過ごさねばならなかったのか。憧れという意味で言うならば、もっとリッチ

1　佐藤八寿子（2003）「レトロスペクティヴな革命―七〇年代フォークソング」『戦後世論のメディア社会学』（佐藤卓己編）、柏書房、186-187頁。

で小ぎれいなキャンパスライフを楽しむ大学生がいてもいいではないか。

実際、そうした例がフォーク以前には存在した。1964年に発表され、ロングセラーとなったペギー葉山の「学生時代」はその代表例だろう。そこに描かれている「学生」は「蔦のからまるチャペルで祈りをささげ」るという夢のような「学生時代」を送っているのだ。ペギー葉山自身が青山学院女子高等部卒だから女学校文化のようにも解釈できるが、この楽曲はもともと「大学時代」というタイトルだったというから、歌詞自体は当時の大学イメージを反映していたと見てよい[2]。1964年の「学生時代」と1973年の「神田川」。このわずか10年間で人々が求める「学生」イメージに一体なにがあったのだろうか。この問いに答えるためにまずは佐藤が「リアルフォーク」としている時期のさらに前、あるいはその黎明期に位置づけられる、アメリカから日本に輸入されたばかりのフォークがどのようなものだったかを確認しておこう。

正統的貴族文化としてのカレッジ・フォーク

1960年代初頭、アメリカではフォーク・リバイバルが起こっていた。なぜこれがリバイバルかと言えば、「folk song」が英語圏では字義通りのもの、すなわち「民謡」という意味で受け止められていたからだ。したがってフォーク・リバイバルを日本語に直せば、「民謡復興運動」ということになる。この流れの中から、PPMやジョーン・バエズ、キングストン・トリオ、ボブ・ディランなどが登場する。

2　存命中に筆者が本人にインタビューしたところによれば、ペギー氏は「自分は大学に行っていないからウソになってしまう」としてタイトルを修正してもらったという。ペギー氏の誠実さをうかがわせるエピソードだが、これは同時に、ペギー氏の世代にとって大学がいかに特別な存在であったかを物語ってもいる。

こうしたアメリカでの動きをいち早くキャッチして日本に輸入したのが最初期のフォークシンガーたちだった。マイク真木《まき》、PPMフォロワーズ、ザ・ブロードサイド・フォーやそこからソロシンガーとしてデビューした森山良子などがその代表格である。

前述のように佐藤は1970年頃を境にリアルフォークとレトロフォークを区分しているが、彼らはそのどちらとも違っている。実際に聞いてもらえばよく分かるのだが、彼らには七〇年代の「四畳半フォーク」的な貧乏くささ、未練たらしさがまるでない。そうかといって社会批判やユーモアの要素も決して多くない。要するに純粋にきれいで上手いのだ。曲によってはほとんどコーラスグループのような作品もあり、貧乏くさいフォークのイメージからはほど遠い。洋楽のカバーが多く、ものによってはプロの作詞家や作曲家がついている場合もあって、自分達で創った楽曲が少ないのも特徴である。こうした一連のグループはそのものズバリ「大学」と結びついた「カレッジ・フォーク」という名で呼ばれ、後続のフォークシンガーからはお坊ちゃん、お嬢さまの音楽として、槍玉に上げられることになる。フォークイメージを持たずに聴けば、これはこれで良いとは思うのだが、あくまで別物という感は拭えない。いずれにせよ、彼らの「きれいさ」、「上手さ」といった要素は疑似貴族文化ではなく、正規の貴族文化が放った輝きであったといえよう。

実際、彼らの出自を見れば、その後のフォークシンガーとの断絶はより明確になる。表2-1は自伝などを元に代表的なミュージシャンの出身地と親の職業（出身階層）と学歴をまとめたものだ。サンプルが少ないので、全員がそうであったとは言い切れないが、この表から分かるように、カレッジ・フォーク時代のミュージシャンは東京出身で親が芸術系の仕事をしていたという点が共通している。実感を持たせるために彼らの自伝を少し詳しく紐解いて見よう。

「バラが咲いた」で有名なマイク真木は舞台美術家・真木小太郎の

	ミュージシャン名	出身地
カレッジ・フォーク	マイク真木	東京（赤坂）
	森山良子	東京（代々木）
リアル・フォーク、アングラ・フォーク	高石友也	北海道
	北山修	兵庫→京都
	加藤和彦	京都→鎌倉→東京（日本橋）
	岡林信康	滋賀
	高田渡	岐阜→東京（三鷹）
レトロ・フォーク、ニューミュージック	吉田拓郎	鹿児島→広島
	南こうせつ	大分
	井上陽水	福岡県
	荒井（松任谷）由実	東京（八王子市）
	さだまさし	長崎
	中島みゆき	北海道

表 2-1

息子であり、家は江戸時代から続く旧家で、生家は赤坂にあった。母親はブティックを経営しており、アメリカ進駐軍の兵士を常連客に持っていたから、当時の子どもたちの憧れの的であったチョコレートが家には箱単位で置いてあったという。日大芸術学部に進学した真木は学生時代にアルバイトで吹き込んだ「バラが咲いた」が大ヒット。彼はそのときのことを次のように語っている。

歌手になろうと思ってなったわけではないって、正直に答えたらまた責められちゃって。生意気な奴だってな。
集まった人達は、一念発起して歌手を目指し、修行を重ねて下積みの生活の中からやっとヒット曲が生まれました。なんていう苦労話を期待してたんだろう。それが、まるで違ってた。だいたいはいてるのがジーンズだから、作業着とはなにごとだ！って、神経逆なでしたみたいだったよ。
シャツの襟もとから下着が覗いてるぞ！とかね。Tシャツはた

親の職業	最終学歴（卒業・中退は問わず）	生年	デビュー
舞台美術家・洋装店	日本大学	1944	1966
ジャズトランペッター	成城学園高校	1948	1967
魚屋	立教大学	1941	1966
医師	京都府医大	1946	1967
サラリーマン	龍谷大学	1947	1967
牧師	同志社大学	1946	1968
詩人・労働者	市ヶ谷高校（定時制）	1949	1969
公務員・栄養士など	広島商科大学	1946	1970
僧侶	明治学院大学	1949	1970
歯科医師	福岡県立西田川高校	1948	1971
呉服屋	多摩美術大学	1954	1972
材木屋・材木の仲買人	國學院大學	1952	1973
医師	藤女子大学	1952	1975

だの下着でしかなかったから……(3)。

真木の回想が正しければ、この時代、ミュージシャンには二つの暗黙の規範が押し付けられていたと言える。かたや下積み生活を経た「苦労人」でなければならないという規範があり、他方、服装などにおいては「上品」でなければならないという規範があった。その意味で、このときの真木は二重にそうした規範に反していたと言えよう。とくに後者の服装に関して言えば、ジーンズにTシャツなどが普通になっていったその後のミュージシャンとの共通点であり、その日本における起源がむしろ恵まれているがゆえに自由に生きられる都市エスタブリッシュメントの子弟にあったことは記憶しておくべきだろう。

一方、ザ・ブロードサイド・フォーのボーカリストとしてキャリアをスタートさせた森山《もりやま》良《りょう》子《こ》も真木以上の絵に描いたような「良

3　マイク真木・真木蔵人（1997）『粋な不良になれ！』、ルーツ出版局、62頁。

家の子女」である。父親は日系二世のジャズトランペッター・森山《もりやま》久《ひさし》で、23歳のとき（1933年頃）、サンフランシスコから職を求めて来日し、コロンビア・ジャズバンドやニューパシフィック・オーケストラなどに所属していたという。森山良子自身は1948年生まれだが、その幼少期は戦後間もない時期とは思えないほど恵まれたものだった。

子どもの頃の音楽環境は、かなり偏ってはいたものの、とても恵まれていたと言えるでしょう。父は家で常に音楽を聴いていました。そのほとんどが、ラジオから流れるFENでした。今では当たり前の、DJが英語でペラペラペラと早口でしゃべった後に曲が流れて、またDJが合間に語り、曲が始まる……。そんな番組が一日中家に流れていた記憶があります。駐留していたアメリカ兵に向けての放送ですから、それは華々しく派手で、明るさに満ち、スピード感があって、今から思えば当時の日本の音楽とはまるで別世界でした。（中略）洋間と呼ばれる部屋にはピアノと大きな蓄音機があり、その横にはビッグバンドのSP盤が崩れ落ちんばかりに積まれていました。(4)

森山の生家は高級住宅地の代々木上原にあったというが、それだけに、周囲の環境もすさまじく「文化的」である。隣人は戦前戦後を通じて数々のヒットを飛ばした作曲家の古賀政男、三軒隣には森山の母方の従兄弟にあたるかまやつひろしの一家が暮らしており、かまやつの父もまた、日系二世のジャズギタリストであった。きわめつけは高校時代に出会ったザ・ブロードサイド・フォーのメンバーだ。バンドはリーダー格であった「黒澤さん」の家の居間で毎日練習しており、その様子をニコニコしながら見ていたパパは何を隠そ

4　森山良子（2017）『夢の住家』、世界文化社、49-50頁。

う、映画監督の黒澤明《くろさわあきら》だったという。

ここまでくれば、カレッジ・フォークのミュージシャン全員ではないにせよ、その多くが、経済資本にも文化資本にも恵まれた良家の子女であったと考えてよいだろう。カレッジ・フォークは、東京の山の手に住み、西洋風のライフスタイルの中で育った人々を主な担い手としていたのである。

アングラ・フォークの台頭──文化の地殻変動

1966年から1967年はカレッジ・フォークから「リアルフォーク」へと時代が移る転換点だった。佐藤は70年以後と区別するため、リアルフォークという名称を用いているが、一般的にこの時期のフォークは「アングラ・フォーク」と呼ばれる（以下ではこの名称を用いる）。カレッジ・フォークからアングラ・フォークへのちょうど転換点に登場するのが高石友《たかいしとも》也《や》（デビュー当初は本名の尻石友《しりいしとも》也《や》）やフォーク・クルセダーズといった面々である。彼らは大学生であり、時期もかぶっていたからカレッジ・フォークと呼ばれてもおかしくはないはずだが、確かにその趣は随分違っていた。楽曲の内容もさることながら、何よりオリジナルの曲がほとんどである。

カレッジ・フォークからアングラ・フォークへといたるこうした流れは、一見すると海外から輸入された音楽がまず富裕層や文化資本の高い層に受容され、その後、日本的なものへとローカライズされて流行するという、よくある音楽受容のパターンと見えなくもない。しかし、高石友也とマイク真木は同年にデビューし、ヒットを飛ばしており、この時期のリスナーは海外からの直輸入ものに対しても好反応を示していた。その意味で、カレッジ・フォークとアングラ・フォークが同時にヒットしていた1966年から67年こそ、リスナーの求めるフォークの転換点と見てよいだろう。

アングラ・フォークが台頭した時期にまだ高校生だったフォークシンガーのなぎら健壱《けんいち》は当時のことを次のように語っている。

> この時［高田渡のステージを見た時］、「今までオレのやってたのはフォークじゃあない！」と、今までの気持ちにハッキリ踏ん切りがついた。それまでやってきたものは、確かにメロディがよくて歌声がきれい、ハーモニーが巧みである、というところは確かにあったが、詞が直接何かを訴えてくるなどということはまずありえなかった。唄をなぞるそうした楽しさはあったにしても、そこに何かが欠けていた。その欠けていたものが、自分の気持ちを素直に唄に乗せて伝えるということだったのである。（中略）ちょうどその頃を境にして、フォークはカレッジ、キャンパスの時代を抜け、第二次フォーク時代に突入することになる。そしてアングラ・フォークを支持する若者達は、今まで大学生がやっていたフォークを「あんなものは歌謡曲じゃないか」というふうに見るようになっていくのである。[5]

この証言はカレッジ・フォークとアングラ・フォークの断絶を的確に言い表している。フォークやニューミュージックの特徴とされる「自分で創って自分で演奏する（自作自演）」という形式はアングラ・フォークの台頭によって確立されたのだ。もちろん、そこには「自分の気持ちを素直に唄に乗せて伝える」という内容面の変化も伴っていた。遠く西洋を彷彿とさせる美しく、あか抜けた雰囲気の楽曲から身近で泥臭い楽曲へとリスナーの要求も徐々に変化していったのである。

こうした変化はこの時期に起こった文化の地殻変動に起因している。佐藤八寿子も引用している竹内洋《たけうちよう》の『教養主義の没落』によれ

5　なぎら健壱（1995）『日本フォーク私的大全』、筑摩書房、25-27頁。

ば、当時フォークとも密接に絡み合いながら盛り上がった学生運動の背景には前述したような大学生の価値の下落があった。「大学生＝エリート」というイメージを抱いて入学した学生たちは自分たちが「普通のサラリーマン」にしかなれないことを悟って絶望したというのである[6]。それゆえ、彼らの攻撃は旧来の教養主義的なものへと向かう。エリート面した教授陣や西洋由来のお上品な大学文化などクソくらえというわけである。

この現象は旧左翼的（共産党的）価値観から新左翼的価値観への変化とも軌を一にしていた。旧左翼の文化に対する態度はまさに教養主義的だった。大雑把に言って、大衆を指導し、「より文化的にレベルの高い」ものへと導こうとする方向性である。これと対立する新左翼は、それとは逆に土着的な民衆文化に正統性を見出していく。新左翼に消費された文化の中にやくざ映画などのある種「右翼的」ともとれる要素が登場するのはこのためだ。輪《わ》島《じま》裕《ゆう》介《すけ》は「演歌」というジャンルの成立について論じる中で、こうした当時の状況をみごとに総括している。

> 乱暴にまとめれば、戦後の復興期から高度経済成長前期においては「明るさ」「豊かさ」「近代」「理性」といった諸価値への信頼と憧憬が「文化」に関わる言説や実践を特徴付けており、その限りにおいてそれらの価値を体現する「エリート」が「大衆」を啓蒙・教化する、というあり方が認められていたと考えられるのに対して、一九六〇年代のある時点（その臨界点を「六〇年安保」にみるか、「東京オリンピック後」にみるか、「一九六八年」にみるか、あるいは別の時点にみるかは議論の余地があるにせよ）から、学生や若い知識人の間に、旧来の枠組みでは克服されるべきものであった「暗さ」「貧しさ」「土着」

6　竹内洋（2003）『教養主義の没落―変わりゆくエリート学生文化』、中央公論新社。

> 「情念」と結びつく文化表現を審美的に称揚する傾向が現れ、「近代化」や経済成長から取り残され、疎外され、抑圧されたアウトロー的な人物像に、あるやましさと憧憬をともなって同一化するようになった、ということです。(7)

つまり、60年代後半のある時点で文化の正統性が反転しているのである。上品で知的であることや音楽的に「優れている」ことが基準であった時代から、逆境にある人々や一般民衆にいかに寄り添っているかが重視される時代へ。こうした受け手の欲望の変化とともに、ミュージシャンに押し付けられていったのが、本章の主題である「苦労人規範」であったと言えよう。

しかし、その一方で本当に当時の人々はリアルな「土着性」や「貧しさ」に価値を見出していたのだろうか。最後に、アングラ・フォーク以後のミュージシャンの出自を見ていくことで、人々の視界に入らなかったもう一つの「リアル」について考えてみたい。

都市労働者階級という死角

まずは、表2-1にもどってアングラ・フォーク以後のミュージシャンの出自について確認しておこう。これを見てまず目立つのが、東京出身者の少なさである。ほとんどが地方出身であり、東京に住んでいたという加藤《かとう》和彦《かずひこ》（フォーク・クルセダーズ）や高田《たかだ》渡《わたる》にしても、親の都合で途中から上京している。地方出身、または居住地の移動があるのも彼らの特徴なのである。これは東京の高級住宅地で生まれ育ったカレッジ・フォークのミュージシャンとは著しい対照をなしている。

7　輪島裕介（2010）『創られた「日本の心」神話―「演歌」をめぐる戦後大衆音楽史』、光文社、292頁。

出身地以外の点に関して言えば、アングラ・フォーク以後のミュージシャンたちは様々な経歴を持っているが、いくつか特徴を指摘しておきたい。第一に、ニューミュージックの時代まで含めると、親が医者であるパターンが意外なほど多い。北山修《きたやまおさむ》、井上陽水、中《なか》島《じま》みゆきがこれにあたる。前出の論文で佐藤も引用している竹内洋は、フランスと比較した場合の日本の特徴として理系の文化資本が高いことを指摘しているが、こうした出自の特徴はまさに竹内の説を立証していると言えよう。

そのほか、親の職業を見ると、ホワイトカラー（加藤和彦・吉田拓郎）や聖職者（岡林信康《おかばやしのぶやす》・南《みなみ》こうせつ）、商業者（高石友也・荒井由美《あらいゆみ》・さだまさし）などが並ぶが、個々の事情はあれど、フォークにつきまとう「貧しい」というイメージの職業はほとんど見られないことも指摘しておくべきだろう。荒井由実の実家にいたっては、一定の伝統を持つ東京郊外の呉服店だから、むしろカレッジ・フォークの出身階層である都市エスタブリッシュメントに近い。

そんな中で唯一の例外は高田渡である。高田の父・豊は詩人だったというが、その道で成功したわけではなく、出身階層はあくまで都市労働者階級であると言って差し支えない。実際、高田の楽曲にもそうした出自は色濃く表れており、都市の下町を連想させる歌詞も多い。重要なのは、先に引用したなぎら健壱をはじめ、今もなお多くのミュージシャンから絶大な支持を得ているにもかかわらず、彼がセールス的に大きな成功をおさめなかったことだ。この事実は、日本の大多数のリスナーたちにリアルな都市労働者階級への共感も、ましてや憧れもなかったということを意味している。

たしかに、「フォークの神様」として祭り上げられた岡林信康などは山谷で日雇い労働者をしていたというサイドストーリーとともに受容された。しかし、彼の楽曲（主に初期）は労働者としての日常を歌ったものというよりは、むしろ抽象的な理念が歌いこまれている。「今日の仕事はつらかった」のフレーズで有名な『山谷ブルース』にしても、具体的な描写は極端に少なく、後半部分では「おれ達いなくなりゃビルも道路も出来ゃしねぇ」とか、「はたらくおれ達の世の中がきっと来るさそのうちに」といった、おおよそリアルな労働者の感覚からはかけ離れた理念が歌われているのである。

アングラフォークの時代に人々が求めたのは、とにかく勉強をさせて大学に入らせる階級上昇パターンを描いた作品(高石友也など)か、美しい理念の表現（岡林信康など）か、そうでなければ純粋な娯楽作品（フォーク・クルセダーズなど）であって、都市労働者のリアルな姿では決してなかったのである。

記号としての「貧しさ」と「苦労人規範」

こうして見てみると、フォークブームはそのイメージに反して非常に中産階級的なものだったといえる。「レトロフォーク」は過ぎ去りし時代を描いたためにヒットしたとも言えるが、同時にそれは「過ぎ去る見込みのある貧しさ」であるがゆえに人々に受容された。あくまで、少し頑張れば大学に行かせる余裕も学もある家庭の子弟による時間制限つきの貧しさを描いた作品群なのである。

同時に、先に述べた「学生時代」から「神田川」への変化は中産階級の生活水準、文化水準の上昇としても捉えられる。貧乏な学生生活しか送らせることができない層（地方の中産階級）でも大学に行かせられるようになり、また行かせようとした時代にこそ、「四畳半フォーク」は共感と憧れを持って迎えられたのである。

それとは逆に都市のアンダークラスを担い手とした、あるいは少なくとも彼らの実情を歌った音楽が流行らないという傾向は、非常に戦後日本的な風景であるように思われる。海外に目を移せば、後章で論じるパンクにせよそれを引き継いだマッドチェスターにせよ、ヒップホップにせよ、都市労働者階級の音楽は一定程度人気を博しているからだ。

その理由についてここで詳細に論じつくす用意はない。たとえば、西洋を青写真として「きちんとした」商品を創ろうとする業界の慣習、あくまで記号としての「貧しさ」を称揚することで安全な場所からほんの少しだけリベラルになったような上昇感を得ようとする大衆の嗜好など様々な要因がからみあった結果かもしれない。

そして現在にいたるまで都市アンダークラスを担い手とする音楽が流行した経験を持たないまま、「一周まわって」シティポップが流行している。それはもはや「貧しさ」が記号としてすら求心力を失った結果かもしれないが、「貧しさ」への中途半端な共感のようなものがないだけ、いっそ清々しいとも言える。

大多数の日本人リスナーにはそもそも「貧しさ」や「苦しさ」への共感などない。それゆえに、ミュージシャンにそれを強要することもおかしいのだ。そのことを自覚したとき、はじめて本当に「ワーキングクラスの音楽」のようなものが生まれてくるのかもしれない。

BOB DYLAN, JOAN BAEZ など

↓
↓

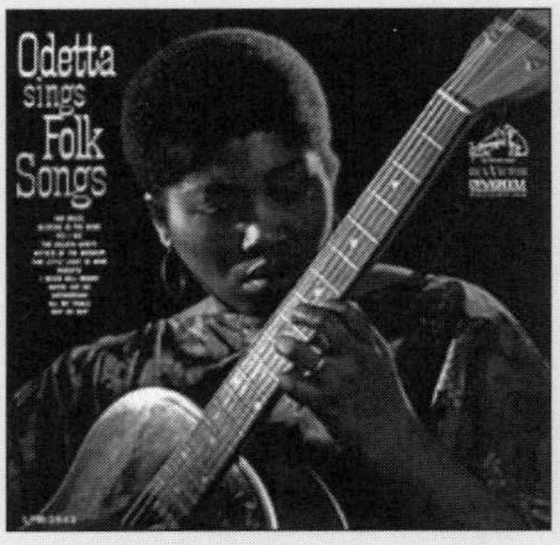

Odetta
『Odetta Sings Folk Songs』
（1963）

「スモール・イン・ジャパン」の底力

日本でアメリカのフォークシンガーと言えば、ボブ・ディランやジョーン・バエズといった白人が想起されることが多い。しかし、ウッドストックでオープニングアクトをつとめたリッチー・ヘヴンスのような黒人歌手がフォークに他にいないわけではない。

オデッタ・ホームズもそんな黒人フォークシンガーの一人だが、もともとオペラやミュージカルを学んでいたこともあって、かなり器用な歌手だ。透き通るようなきれいな声を出すかと思えば、男性と聴き間違えるような野太い声で歌うこともある。芸歴が長いので、「バナナボート」で有名なハリー・ベラフォンテと共演したこともあるし、ブルースやジャズに接近した時期もあるから、かなり奥の深いミュージシャンである。

あまり知られていないが、オデッタは勤労者音楽協議会（通称労音）に招かれ、1967年に来日している。その際、ゲストとして社会学者の鶴見俊輔も出席し、二人は会話を交わした。よほど印象に残ったのか、後年、鶴見は『回想の人々』という著作でオデッタに触れている。公民権運動の活動家としても知られるオデッタはこのとき、鶴見に「アンダーグラウンド・レイルウェイ」というキーワードを伝えた。鶴見は「地下鉄ですか？」などと聞き返しているのだが、オデッタによれば、これは南北戦争の時に戦争に参加したくない黒人を逃がした道だという。のちに「べ平連」で米兵を逃がす運動にコミットした鶴見は、自分にとって予言的な出会いだったと述懐している。

そんなオデッタは2009年初頭に催されたバラク・オバマ大統領の就任記念式典で歌を披露する予定だったが、惜しくもその1か月前にこの世を去った。このとき彼女が生きていれば日本のお茶の間にも繰り返しオデッタの歌声が流れ、再評価の機運が高まったのではないかと残念に思う。

日本文化論として「ビッグ・イン・ジャパン」のミュージシャンに注目するのもいいが、オデッタに代表される「スモール・イン・ジャパン」のミュージシャンを眺めてみるのも面白いだろうなと最近感じる。彼ら、彼女らに着目することは、日本人の「死角」がどこにあるかを知る手掛かりになるからである。

↓
↓

HARRY BELAFONTE, NINA SIMON, RICHIE HAVENS

高田渡

↓

↓

なぎら健壱
『街の風になって』（1974）

耐用年数の長い下町フォーク

全然違うジャンルの人物がよく似ていると感じるときがある。例えば、私にとってのなぎら健壱と開高《かいこう》健《たけし》（小説家）がそれである。なぎらは東京、開高は大阪だが、二人とも下町出身の趣味人で、酒好きで、盛り場にまつわる作品が多い点も共通している。

下町は時間の流れが遅い。そのせいかなぎらや開高の作品は耐用年数が長い。なぎら健壱がこの作品を発表してから約10年後に大阪の下町で生まれた私にしても、なぜかことあるごとにこの作品を聴いてしまう。

なぎら健壱は遅れてきた「リアルフォーク」路線のシンガーだ。都市労働者階級という出自から見ても、曲調から見ても、高田渡の数少ない正統な後継者の一人であると言える。アルバムデビューを果たしたのは1972年のことだから、もはや四畳半フォークやニューミュージックの時代に差し掛かる頃であり、それゆえにレジェンドのような扱いはされていないが、ある意味、アングラフォークの集大成のような存在である。彼の代表作はこのアルバムの前作『葛飾にバッタを見た』とされるが、『街の風になって』も甲乙つけがたい出来なので、あえてここではこの作品を選んだ。

彼のアルバムの特徴は抒情的な曲と爆笑を誘うコミックソングが入り混じっているところにある。『葛飾にバッタを見た』には「悲惨な戦い」という力士のまわしがとれたエピソードを題材にした有名なコミックソングがあるのだが、この作品にも「流行ものには目がないわ」という皮肉の効いた楽曲が収録されている。歌詞の内容は流行に必死でついていこうとする人間の滑稽さを嗤《わら》ったもので、「頭がちょいとたりないからその分カバーするんだわ」などと優しい歌声で突然猛毒を吐く。

この感覚は大都市の下町育ちの人間特有のものである。社会学者の見田宗介は、かつて『まなざしの地獄』で田舎出身の者ほど他者の目を気にして着飾らざるをえないことを看破した。他者の目ばかりを気にする上昇志向は本質的に「ダサい」のである。当然、なぎらもそうした「上昇志向」とは無縁で、むしろ地べたの話ばかり歌い、書く。

思えば、開高健にしてもなぎら健壱にしても、その作品が愛されるのは他者の目を気にしないがゆえのさりげなさや自然さにあるのかもしれない。「下町の底力ここにあり！」と快哉を叫びたくなる融通無碍な好盤である。

↓
↓

武蔵野たんぽぽ団、上田正樹、有山じゅんじ

第３章

パンクは頭の悪い音楽か？

――反知性主義と「声の文化」の可能性

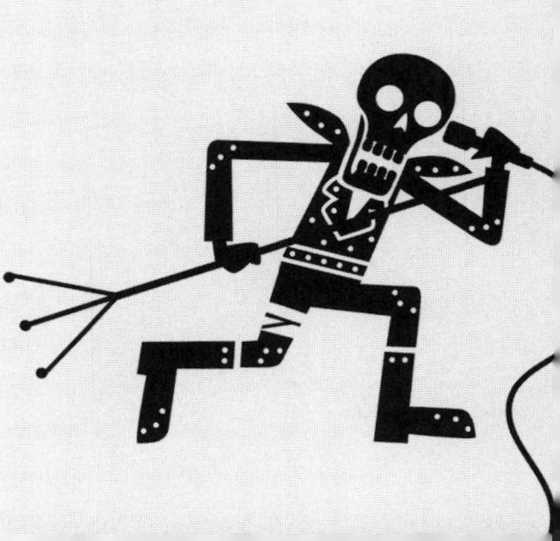

三上寛はパンクか？

2000年代前半、パンクとブルースばかり聴いていた私は、ある日、何の気なしにタワーレコードのパンク特集の冊子を手に取った。そこには様々なパンクの名盤のレビューが並んでいた。Sex PistolesやThe Clash、The Jamといった有名どころは当然として、ロンドンパンクのプロトタイプとしてのパブロックやThe Stalinを代表とする日本のパンクもカバーするよくできたディスクガイドだったように思う。

そんなラインナップの中で、ひと際《きわ》異彩を放つ作品があった。三上寛の『ひらく夢などあるじゃなし』である。三上は1970年前後に活動を開始した青森県出身のフォークシンガーだ。恰幅のいい体に角刈り、またはスキンヘッド。海坊主のような風貌の三上は、たしかにフォークシンガーの中では異色だが、これをパンクに分類した根拠はなんだったのだろうか。なにしろライブのスタイルからしてフォークギター（エレキのグレッチも愛用していたようだが使用法はフォークギターと基本的に変わらない）一本だから、バンドという形式がパンクロックの必要条件だと考えているレビュワーには決して挙げられないセレクトだったろう。

記憶違いでなければ、この作品のレビューを担当していたのは「北爪」という人で、ブルース特集の冊子の時から私はこのレビュワーのファンだった。それでとりあえずCDを入手して聴いてみたのだが、これがとんでもない作品である。昭和イメージを象徴するようないかにもエロティックなサックスをバックに三上が絶叫するように歌う。しかも大体、陰惨な田舎の光景が描かれていてすさまじく暗い。

「隣村の村長さんがお母ちゃんを抱いていた　枕元にはくしゃくしゃの千円札が……」

などと衝撃的な歌詞が続く。たしかに、他の多くの呑気なフォークとは違い、ほとんど痛覚を伴うような歌詞であり、この痛みのようなものがパンクっぽさなのだろうと当時は理解していた。

図 3-1　三上寛

しかし、ずっと後になって「反知性主義」というキーワードを知ってから、実はこの思想潮流こそがパンクの本流であり、単に暗いというだけでなく、三上寛にはそれがあったのではないかと考えるようになった。

パンクというジャンルをどう括るのかは難しい問題だし、これはパンクで、あれはパンクでないなどと言い始めると神学論争になってしまう。本章では、そうしたパンクの外枠を決める作業をするのではなく、三上をはじめとするいくつかの事例を扱うことでパンクに見られるこの反知性主義的な思考の型を考察することに主眼をおきたい。

反知性主義とオルタナティブな知

「反知性主義」という言葉は 2015 年頃に一度、日本でブレイクしたことがある。ところがこのとき、一部の良心的な知識人を除く多くの人々が「反知性主義」を誤用していた。あるいは誤用とは言わないまでも、この言葉の示す一つの側面にしか目を向けず、より本質的な部分を無視して用いていた。「反知性主義（Anti-intellectualism)」を字義通りに読めば、単に知性を軽んじたり、憎んだりする態度であるように見える。それゆえに当時の日本の知識人（とりわけリベラル派とみなされる人々）たちはこの側面だけを切り取り、政治家や大衆といった自身と意見の異なる人びとに

「愚《おろ》か者」のレッテルを張るために利用したのだ。しかし、実際の反知性主義とはこのような貧しい概念ではない。まずはこの反知性主義への誤解を解くことから始めたい。

そもそも反知性主義とは、アメリカの独特な知的風土を説明するために用いられた言葉だ。反知性主義に関する最も重要な文献『アメリカの反知性主義』を著したリチャード・ホフスタッターは、その危険性を指摘しつつも、一定の正当性を認めている。反知性主義とは、浮世離れした知識人たちへの抵抗という意味で、アメリカの伝統に根差した正当なインテリ批判でもあったからである。

ホフスタッターの説明はこうだ。一般にインテリによる批判は社会から拒絶される傾向が強い。それゆえ自身が正しいと信じることを主張した結果、社会から疎外されることに、インテリたちは元来、慣れているのだ。しかし、そのうちに社会が成熟し、インテリの話に一定程度耳を傾けるようになると、彼らの中に奇妙な転倒が起こる。疎外されないということは、自分は体制に順応していることになるのではないか。そんな不安をきっかけにして、疎外が自己目的化していくのだ。社会的に疎外された地位、反発を招き認められない立ち位置こそ本物の知識人の証明であるという思考に陥ってしまったのである。

こうしたインテリたちの倒錯した価値観が19世紀アメリカの知的風土に引き起こした現象をホフスタッターは次のようにまとめている。

> アメリカの文学や思想において、かたや感受性、洗練、理論、規律と、かたや自発性、エネルギー、感覚的真実、機会の獲得との断絶だった。すなわち、精神の特質と現実経験の実態との痛ましい分裂である。（中略）こうした点をすべて考え合わせれば、一九世紀のあいだに反知性主義が明確な形をとってきた理

> 由もわかりやすくなるだろう。大胆で男性的な実用主義を代弁し、貴族的、女性的で俗離れした文化を批判する人びとが、反知性の立場をとったのにはそれなりの正当性があったのである[1]。

このとき標的となったのは、ヨーロッパ的な知性に足場を置くジェントルマン階級だった。それゆえに、アメリカ国内ではヨーロッパ的知性に反発する形で独自の知性が育まれていった。ソローの『森の生活』やメルヴィルの『白鯨』などは、こうしたアメリカ特有の知的風土から生まれてきた作品であるとされる。その意味で、アメリカの反知性主義はヨーロッパ的知性こそが唯一の知性のあり方であるとされた時代にあって、それに対する別の選択肢、すなわちオルタナティブな知性の培養基として機能したと言えよう。たしかに、反知性主義にはエリートや知性そのものを敵視する危険な側面もある。しかしその一方で、これまでとは全く異なる枠組みの知性を民衆感覚に寄り添いながら形成していくというポジティブな側面も持ち合わせているのだ。

では、こうした意味での反知性主義的な営みを日本に見出すことができるだろうか。おそらく日本の反知性主義を正当に評価しようとした唯一の著作としては、福間良明の『「働く青年」と教養の戦後史――「人生雑誌」と読者のゆくえ』が挙げられる。主に戦後の人生雑誌の読者を歴史的に描いたこの著作で、福間は「反知性主義的知性」の存在に言及している。福間によれば、大学に行きたくても行けなかった戦後の勤労青年たちは、学歴エリートである大学生に対抗意識を燃やし、大学生よりもずっと「勉強している」ことに誇りを抱いていた。これを福間は「反知性主義的知性主義」と呼

1　リチャード・ホフスタッター（1963＝2003）『アメリカの反知性主義』（田村哲夫訳）、みすず書房、353頁。

ぶ[2]。実態を踏まえてこれをもう少し分かりやすく言いかえるならば、「反エリート的知性主義」とでも呼べるだろう。

しかし実は反知性主義がこのような形式としてしか現れなかったことにこそ、日本の知性の貧しさがあったとはいえないだろうか。学歴エリートに対抗するために形成されたはずの知性の中身は結局、哲学をはじめとした大学で学ぶ教養主義文化以外の何物でもなかった。言い換えれば、福間の著作に登場する勤労青年たちは、エリートたちがどのぐらいものを知っているかという「程度」の問題を指摘しているのであって、どんな内容を知り、それをどのように用いるべきかという「質」の問題に言及しているわけではなかった。このことは、アメリカの反知性主義の伝統がソローやメルヴィル、ホイットマンといった、エリート的知性から距離をおく一群の作家たちと深く関わっているのと対照的である。

福間の扱った時代からおそらく現在にいたるまで、結局のところ日本人にとっての規範的な知性とは、西洋由来の活字文化であった。それ以外の知性のあり様は点として浮上することはあっても、アメリカの反知性主義のように一つの流れとして把握されることはほとんどなかったのである。

そんな戦後日本にあって、言葉の文化と深く結びつきながら、オルタナティブな知的文化を形成しようとした人々は確かにいた。そしてパンクという音楽ジャンルはそうした動きと深く関連している。このようなことを念頭に、以下では反知性主義という観点から、パンクを捉えなおしてみたい。

サルトルマルクス並べても……

反知性主義とパンクを結び付けて考えれば、冒頭で紹介した三上

2　福間良明（2017）『「働く青年」と教養の戦後史―「人生雑誌」と読者のゆくえ』、筑摩書房。

寛がなぜパンクに分類されていたかが明らかになる。例えば三上は藤圭子の「圭子の夢は夜ひらく」の替え歌「夢は夜ひらく」を歌っているが、その中に次のようなフレーズが登場する。

図 3-2　三上寛『ひらく夢などあるじゃなし』

サルトルマルクス並べても
明日の天気は分からねえ
ヤクザ映画の看板に
夢は夜ひらく

大学生的な教養は「明日の天気」を知ることにすら役に立たない。ヤクザ映画こそ自らが夜見る甘美な夢の対象であるというのである。この三上の歌詞は、例えば大学生を小粋に皮肉ってみせる高石友也の「受験生ブルース」などとは同じフォークという音楽フォーマットでありながら似て非なるものだ。

麻雀狂いの大学生　泥棒やってる大学生
八年も行ってる大学生　どこがいいのか大学生

初期フォークの旗手であった高石（➡第２章）の歌詞は大学生を批判しているように見える。しかし、ここでは「大学生らしさ」、つまりはエリート的な知性や教養を身につけようとする態度自体は批判されていない。むしろそうした教養主義的な態度を前提として、そこから外れている大学生たちを風刺しているのだ。大学生を批判しつつ、「受験生」であり続けるこの歌の主人公は決して知性のあり様自体に反旗を翻しているわけではないのである。

その意味で三上寛は、大学や社会の構造を前提としてそれらを安全に批判するフォークと比較して、圧倒的に反知性主義的であったといえよう。しかも面白いのは、三上の歌に具体的なエリートが驚くほど出てこないことだ。それだけに、単なるエリート批判ではなく、サルトルやマルクスといった権威を帯びた知やそれを権威づけている構造自体をダイレクトに攻撃している感がある。

もちろん、三上をパンクに分類したレビュアーたちがこんな面倒な理屈を考えていたとは思わない。それでも、彼らはこのラディカルさを直感的に把握していたのではないか。音楽フォーマットがフォークに近い三上がパンクに分類される背景には、そんな事情があるように見える。

吉本隆明と遠藤ミチロウ

三上寛の路線は純粋に知性の存在意義を問い、攻撃する芸術だから、すさまじい破壊力がある。しかし、従来の教養主義に代わる新たな知のあり方を提示できたかというと、そもそもそんな意図はなかったように見える。

むしろその仕事は後の時代に続くパンクロッカーたちに引き継がれたと私は考える。その代表格こそThe Stalinのボーカル・遠藤ミチロウ、そしてINUのボーカリストであった町田町蔵である。この二人に共通して見られるのは書かれた「文字」に対峙する「声」としての言葉への強いこだわりである。

以下、まずは遠藤ミチロウの言語観について詳しく見てみたい。その案内役となるのは、20世紀日本における最大の思想家の一人とされる吉本隆明である。遠藤は吉本に強く影響を受け、相当に突っ込んだ対談も行っているからだ。

まずは遠藤のプロフィールを確認しておこう。パンクロッカーとしてのイメージが強い遠藤だが、意外なことに三上寛と同じ1950

図3-3　吉本隆明

図3-4　遠藤ミチロウ

年生まれで、本来はフォークシンガーであってもおかしくない世代に属している。出身は福島県。三上寛が青森出身だから、やや広すぎるくくりではあるものの、東北出身という点も共通している。

音楽好きの間ではよく知られているように、The Stalin時代の遠藤のパフォーマンスは30代に差し掛かってからのデビューとは思えないほど過激なものだった。客席に向かって豚の頭部を投げつけたり、ステージ上からやはり客に向けて放尿したりと、とにかく攻撃的である。当時、女性週刊誌などで取り上げられたこともあったが、その扱いは「ゲテモノ」以外の何者でもなかった。

しかし、こうしたパフォーマンスに反して、ひとたびステージを降りると遠藤は非常に知的で物静かな人物だった。そんな遠藤がなぜ同世代の間で流行していたフォークではなく、パンクという過激な表現方法を選び取ったのか。そこには文字ではなく、声による表現への強いこだわりがあった。1983年に行われた吉本隆明との対談において「Miser」という楽曲の歌詞について質問された遠藤は、この曲がかつてフォークのような形で歌っていたときのものだとしたうえで、次のように述べている。

> 歌は結局〝声〟だと思うんですけど、楽器の音も含めて、声っていう形にならなければ成立しない方向へ自分で持って来たと

いうか、その時点で、歌詩《[ママ]》として書いた言葉の意味が一回解体して、また構築される——そんな過程を踏んじゃう作り方をしてきたというか。[3]

遠藤が「声」にこだわりを持っていたのは、単なる表現上の理由からではなかった。かつて文学青年であった過去を振り返りつつ、自身の目指すところを遠藤は次のように語っている。

単純な話、いままで紙に書いてた自分の現代詩みたいなのは歌おうと思っても歌えないですよ、あんなものは（笑）。歌えっこないんです。その時に何でそうじゃない詩が書き得たかというと——ジャックスってバンドの曲を聴いたからなんですね。ものすごく言葉が単純というか、こんな言葉を使っていいのかってぐらい現代詩として書いたら恥しい言葉ばっかり使ってるんですね（笑）。ところが、それが一旦歌になって聴くと、すごいリアルになって響いてくる。歌の中ではじめて甦るような言葉を使ってるんです。（中略）でもそういう人達もずっとやっていくと、一つの上昇志向を持つようになる。そうして知的になってくるとダメになってしまうんです。つまり、何故ジャックスがいつまでも新鮮かというと、上昇志向に行く前に止めてしまったからなんですよ（笑）。断念しちゃったんですね。そこで止まってるから、なんかいつまでも新鮮でいられる……。僕が一番気になっているのもそこなんで、それから以降というのを——カルチャーに向かって知的上昇をしないで、もっと突き詰めることはできないかというところですね。[4]

3　遠藤ミチロウ（1984）『バターになりたい』、ロッキング・オン、48頁。

4　前掲書、63-64頁。

ここに登場するジャックスとは、早川義夫率いる60年代のサイケガレージバンドである。遠藤をはじめとする後の世代のミュージシャンたちに言及されることで再評価されたが、リアルタイムには全く売れず、数年で解散してしまった悲運のバンドだ。遠藤はこのジャックスを短命であったからこそ知的上昇への志向を回避できたと考えていた。

実際、早川にはともすれば文学方面へと流れるクセがないわけではなかった。つげ春乱の名義で岡林信康にも提供した楽曲『堕天使ロック』の歌い出しは「見つめる前に跳んでみようじゃないか」であり、これは間違いなく大江健三郎の短編か、もしくはその作中で引用されているW・H・オーデンの詩が元ネタである。加えて、早川自身、間もなく音楽の世界から手を引き、20年ほどのあいだ、書店を営んでいたことも、活字文化と親和性が高かったことを示唆している。

余談だが、オーデン作の「見る前に跳べ」という詩は、安心な方向を選ぶのではなく、危険だと分かっていてもそちらに向かって跳躍するように促す詩である。その内容は、ニューヨーク・パンクの祖であるとされるVelvet Undergroundのルー・リードの代表曲「ワイルドサイドを歩け」と同じ趣旨であり、ことによっては影響関係があるようにすら個人的には見えるのだが……。もしそうだとすれば、遠藤のルーツである早川の精神性は、遠回りながらもニューヨークパンクともつながっていたことになる。

ちなみに早川は90年代になってから歌手復帰しているが、そこでは遠藤が言うとおり「現代詩として書いたら恥しい」ような歌詞がやはり生き生きと歌いこまれている。「君を僕のものにしたい」などと歌い上げて芸の成立する歌手が他にどれほどいるだろうか。その意味でも早川義夫は日本の音楽史における異能の天才であった。

早川の説明が長くなったが、先の引用部のように、上昇感の欠如こそ重要であるとする遠藤の見解に対しては吉本も同意している。吉本はフォークやニューミュージックの詩に一定の評価を与えつつも次のように述べる。

> ［フォークやニューミュージックのミュージシャンたちは］そこからそれ以上上昇しちゃうと、いわゆる現代詩の中のつまらない詩というカテゴリーに突入していくよりないんですね。延長してったらそうならざるを得ない。それをみんな持ちこたえているわけでしょうけど、そうではなくて、そういうのが正しいわけじゃないんだという所で全く別の形——それが最終的な形かどうかは解りませんが——一種のイロニーの詩がポツポツと出てきてるんじゃないですかね。スターリンもRC［サクセション］もそうだと思います[5]。

文字を基準とした文化には必ず上昇志向が伴う。しかしそれとは異なる基準の詩があっていいのではないか。そんな意識を共有していた遠藤と吉本は、活字文化に立脚した秩序を転覆する可能性をパンクに見ていた。さらに同じ対談で吉本は、このことを「サブ・カルチャー」という言葉で説明している。

> カルチャー、つまり知識とか文化・教養ってのは、民衆でもなければ大衆でもない。民衆や大衆から浮いてしまう。そうかといって、支配者になっていくわけでもない。支配者のお役に立つことはあっても、支配者自体には絶対いきつかないんです。ところが、サブ・カルチャーっていうのは、やろうと思えば、そこまで行かなくてもいいのに、支配者そのものと激突しちゃ

5　前掲書、65頁。

うみたいなところまで行っちゃう面があるんですね(6)。

ここまで来れば、遠藤や吉本が当時企図していたことがアメリカの反知性主義と二重写しに見えてくる。一般の民衆から遊離した活字中心の教養主義文化。その枠内で芸術的に「上昇」することを目指すのではなく、上下の基準自体を疑い、新たな基準を創造すること。それこそ、遠藤の目指していたものであり、吉本がパンクに見出していた可能性であった。

スーザン・ソンタグとリチャード・ヘル

ここで、反知性主義とパンクが結びついたのは日本だけの特殊事情ではないことにも言及しておくべきだろう。吉本と遠藤の対談から約5年前、パンクの震源地であるニューヨークで、よく似た組み合わせの二人が対談を行っている。芸術批評を出発点に独自の思想を展開していたスーザン・ソンタグと Richard Hell & The Voidoids のボーカリストであるリチャード・ヘルである。この二人が吉本と遠藤のコンビとちょうど対応していたことを主張するには、彼らやそれを取り巻いていた状況についてやや詳細に説明が必要だろう。

一般にパンクと言えば Sex Pistoles や The Clash といったロンドンパンクが想起されがちだが、むしろ彼らはニューヨークパンクのフォロワーと見るべきだろう。1970年代半ばのニューヨークには New York Dolls、Ramones などロンドンパンクの元ネタとも言えるミュージシャンたちがひしめいていたからだ。

当時のニューヨークパンクのシーンは音楽性の面で驚くほど多様だった。パティ・スミスのように詩を朗読する者もいれば、

6　前掲書、53頁。

図 3-5　Richard Hell & Voidoids『Blank Generation』

Suicide のようにジャーマンテクノを思わせる電子音を使って陰鬱な旋律を延々と垂れ流す者たちもいた。その意味では、ロンドンに渡った表現方法はニューヨークパンクのごく一部に過ぎないと言っていい。

そんな中、性急なビートをバックに絶叫するといった現在の典型的なパンクイメージとはやや異なるひときわ知的な一団がいた。トム・ヴァーライン率いる Television をはじめ、後にニューウェーブに分類されて長期にわたって活躍を続けることになる Blodie、後にアフロビートを取り入れ、ワールドミュージックと接続していく Talking heads……。前述のパティ・スミスやリチャード・ヘルらも含むこの一団をここでは便宜的にビート・パンクスと呼んでおきたい。彼らはヒッピーたちも崇拝していたビート・ジェネレーションと呼ばれる作家と精神的、物理的に深いつながりを持っていたからだ。

リチャード・ヘルは日本での知名度はほどほどだが、こうした多様なニューヨークパンクのまさに台風の目だった。ビート・パンクスを代表するバンドの一つである Television の初期メンバーであったことに加え、New York Dolls のギタリストであったジョニー・サンダースとともに The Heart Breakers を結成したのも彼だ。いずれのバンドも活動が軌道に乗り始める前に脱退しているが、自身が主導するバンド The Voidoids の時代にはパンクのアンセムとも言える「Blank Generation」を発表している。

ファッション面でもヘルの影響は絶大だった。破れた服に安全ピン、尖らせ固めたヘアスタイル、果てはヘル（地獄）という名前すら Sex Pistoles をはじめとする後発のパンクミュージシャンに影響を与えたとされる。そんなリチャード・ヘルは遠藤ミチロウと一年違いの1949年生まれ。遠藤と同じく、青年時代、詩人を志す文学青年だったという。

図3-6　スーザン・ソンタグ

一方のスーザン・ソンタグは「反解釈」という論考によって60年代に既に著名人になっていた。「ポップ哲学のダーク・レディ」「唯美主義の女王」など様々な通り名があるが、ヘルとのインタビューを収録した書籍では「アメリカの知識人の中でもスーザン・ソンタグは、パンク・ロックを理解する唯一のハーヴァード大学卒業の学者であろう」と評されている[7]。彼女を一躍スターの座に押し上げた「反解釈」の主眼はその名の通り、芸術作品に対する解釈という行為自体を批判することにある。次のような箇所を読めば、それが明らかにアメリカの反知性主義の伝統に根差した主張であったことが分かる。

> 都市の大気を汚染する自動車の排気ガスや重工業の煤煙と同様、芸術に対する解釈の横行が私たちの感受性を毒している。肉体的活力と感覚的能力の犠牲において知性が過大に肥大する、という典型的な矛盾にすでに犯されているのが私たちの文化であるが、これに輪をかけるようにして、芸術に対して知性が恨みを果たそうという試みが、すなわち解釈なのだ。
>
> 　そればかりではない。解釈とは世界に対する知性の復讐である。解釈するとは対象を貧困化させること、世界を委縮させることである。そしてその目的は、さまざまな「意味」によって

7　ヴィクター・ボクリス（1998＝2000）『ビート・パンクス』（渡邉穣司訳）、シンコー・ミュージック、102頁。

> 成り立つ影の世界を打ちたてることだ。世界そのものをこの世界に変ずることだ。(「この世界」だと！　あたかもほかにも世界があるかのように。)
>
> 世界そのもの、われわれの世界が、すでに十分すぎるくらい委縮して、貧困化しているのだ。それをさらに複製した代物などは、われわれはいっさいご免こうむらなければならぬ。そして再びわれわれのもっているものをもっと直接的に経験するようにならなければならないのだ。[8]

ここでソンタグが語っている現象は、ホフスタッターが19世紀のアメリカの状況について論じた際の「精神の特質と現実経験の実態との痛ましい分裂」そのものである。実際、アメリカの反知性主義について内在的に議論を展開している数少ない日本の研究書の一つである『反知性の帝国――アメリカ・文学精神史』(巽孝之編)では、同様の箇所を引用しながら次のように論じられている。

> 知性の暴力を徹底的に戒め、見たところ反知性主義とも連動するかのような、にもかかわらず、じっさいのところは対抗文化をも咀嚼しつつもうひとつの新たな知的文化を構築してしまうようなパラドックスが、この文脈には明らかに見て取ることができます。[9]

この論考ではアメリカの知識人の立ち回りの難しさが問題とされているため、「パラドックス」として表現されているが、私にはもはやこれは逆説に見えない。既存の尺度とは異なる全く新しい知性を

8　スーザン・ソンタグ (1961＝1996)『反解釈』(高橋康也ほか訳)、筑摩書房、22-23頁。

9　巽孝之 (2008)「アメリカ文学と反知性主義の伝統」『反知性の帝国――アメリカ・文学精神史』(巽孝之編著)、南雲堂、33頁。

構築しようとすることこそ、反知性主義の本質であると考えるからだ。

そんなスーザン・ソンタグとリチャード・ヘルの対談には吉本・遠藤対談と重なる話題が登場する。

> ポピュラー・アートとエリート・アートの違いは、エリート・アートが少し批判的すぎるところにあると思うんだ。エリート・アートっていうのは審美的な側面だけで満足してるんだな。だけどポピュラー・アートっていうのはカルチャーに影響を与えたり、人の考え方に影響を与えたりできると思うんだ。より鮮明な形でね。（中略）僕が言ってる違いっていうのはカルチャーに影響を与えることに関心があるのか、それともなにか美しいものを創り出すことに関心があるのかっていう、その人その人が持ってるパーソナリティと関係があるってことなんだ。(10)

このヘルの言葉は吉本の議論とかなりの部分重なる。吉本の言う民衆からも支配者からも遊離した「カルチャー」や「教養」を、ヘルが「審美的な側面だけで満足している」と評する「エリート・アート」と入れ替えてみてもほぼ問題なく意味が通ってしまうからだ。同様に、吉本の言うところの「サブ・カルチャー」とヘルの言う「ポピュラー・アート」についても入れ替えが可能である。その意味で、吉本・遠藤とヘルの立場はかなり近い。

ただし、日本人コンビと違ってヘルとソンタグには一定の食い違いもあった。先のヘルの発言を受けて、ソンタグは「エリート・アート」と「ポピュラー・アート」の二分法に異議を唱えている。

> 私にはすべてのものが一緒になるっていう、そんな秘密の瞬間

10　ヴィクター・ボクリス、前掲書、268-269頁。

> みたいな時があると思うの。こういうことよ。あなたは詩集を出してきたじゃない。だけどあなたが書いた歌の歌詞っていうのは、あなたが出した詩集以上のオーディエンスをつかんでいるのよ。だってそこには音楽があるもの。人が歌詞までちゃんと聴かなくても、音楽っていうものには人がうまく折り合って行けるものがあるのよ。エネルギーとかセクシャルなフィーリングとかね。だから歌っていう一つのものを通して、詩と音楽っていう、２つの事柄をつたえてることにはならないのかしら……[11]。

このソンタグの発言もまた、遠藤の最初に引用した発言とやはり対応しているように見える。日本とアメリカでミュージシャンと知識人の発言がそっくり入れ替わっていることも興味深いが、それ以上に、同じようなことを言いながら、二人の関係性が日本では融和的、アメリカでは対立的に表れていることが重要である。

このことは日本とアメリカにおけるパンクや反知性主義の表れ方の違いに根差していると考えられる。ここで、ソンタグはヘルの言う「エリート・アート」と「ポピュラー・アート」の違いを「詩」と「歌」に落とし込み、その両立は可能であるという趣旨で反論している。しかし、吉本と遠藤の場合、そうした二分法は成立しない。たしかに教養的なものとサブカルチャーを区別してはいるものの、「言葉」が教養的なものでしかありないとは彼らは考えていなかった。「ポピュラー・アート」や「サブ・カルチャー」には「エリート・アート」や「カルチャー（教養）」とは異なる独自の「言葉」がありうるという前提を共有していたのである。そして「サブ・カルチャー」に独自の「言葉」とは「文字」と対立する「声」にほかならなかった。

11　前掲書、269頁。

日本で80年頃にパンクとして現れた反知性主義の独自性はこの「声」の文化に対する強いこだわりだったのではないか。アメリカのパンクと一定程度文脈を共有しながらも、この点で日本のパンクはまた異なる表れ方をしたのである。そしてそれは数十年の時を経て、町田町蔵あらため、町田康の手によって結実することになる。

町田康の『告白』：日本的パンクの帰結

日本のパンク史においてThe Stalinと双璧をなすバンドと言えば、間違いなく町田町蔵がボーカルをつとめたINUが挙がることだろう。なにしろ、町田がINUで「メシ喰うな」と歌ったのに対して、遠藤はThe Stalinでアンサーソングを歌っているぐらいなのだ。「ワルシャワの幻想」という楽曲で遠藤が「メシ喰わせろ」と歌ったことは、パンク好きの間であまりにも有名である。

町田は1962年生まれだから遠藤よりもちょうど一まわり若い。1981年にINUのボーカリストとしてメジャーデビューするも、アルバム『メシ喰うな』を残してわずか3ヶ月でバンドは解散してしまう。このアルバムはおそらくジャパニーズ・パンクでも最も有名な部類に入るが、音の面から言えば、一般的なパンクのイメージからはかなり遠い。三味線のような痙攣系《けいれんけい》ギター、そして町田による大阪弁の歌詞や語り。分類不能でカオスだが、それゆえにこそ耳が離せない。強引にこちらを向かせるだけの強い魅力と個性を湛えた名盤である。

町田はその後、散発的に音楽活動や俳優業を展開しながら、やがて芥川賞作家へと華麗な転身を遂げるが、その途上、1992年に詩集『供花』を発表する。その末尾に掲載された「大座談会　もはや慈悲なし」で町田は興味深い発言を連発している。

図 3-7　INU『メシ喰うな！』

> ロックでいちばんあかんのは、文学ちょっと噛った奴や。文学的にも音楽的にもおもろない。とりあえず歌う時の力は抜いて考えて、活字の力を想定せんとな。聴いてよし読んでよし、一粒で二度おいしいぐらいの世界を集約するとこまでもっていけりゃしめたもんや。[12]

前半の発言は前出の吉本・遠藤組とほぼ重なる内容だ。その上で、町田が自身の表現をもう一歩進めようとしていたことも読み取れる。活字と音を一度分離して考えたうえで、最終的には「聴いてよし読んでよし」の作品を生み出すこと。それこそ、この時点で町田が目指していたものだった。

さらに、同座談会（というかほとんど飲み会？）で町田は「声」を用いた日本の伝統文化に対する愛着も吐露している。

> 大体わしはロック歌手いうの嫌やねん。俺がやりたいのは、講釈。講釈師になりたかったんや。ただ、時代はパンク・ロックやろ。周りに三味線やる奴がいなかったんや、エレキギターばっかりでな。しゃあないからパンクロッカーんなったわけや。[13]

さらにこのあと、町田が大声で浪曲の一幕を披露するにいたって座談会は混沌としていくのだが、その末尾で彼は一言、こんな言葉を残している。

12　町田康（1997）『供花』（新装版）、思潮社、158頁。

13　前掲書、161-162頁。

「詩ィ書くことと〜、おっきい声出すのは同じことやからのぅ。」[14] この直前に人間の幸福は「おっきい声」を出すことだと言っているから、詩を書くことこそ幸福だという文脈でもあるのだが、こうした一連の発言からは、彼が伝統的な声の芸を文学に持ち込もうとしていたことが分かる。

本人が意識していたかどうかはともかくとして、彼は一貫して「声の文化」にこだわり抜いてきた。というのも、町田の作品や発言はメディア論の名著、オングの『声の文化と文字の文化』で挙げられている「声の文化」の特質と見事に符合しているからだ。オングの議論を大まかにまとめると次のようになる。

①頭に記憶するしかないので複雑な論理は発達しにくい。
②記憶に定着させやすいように決まり文句や型に頼る。
③そのため、保守的・伝統的になりやすい。
④議論は客観的ではなく、むしろ感情的・参加的になる。
⑤多弁で繰り返しが多いが、それゆえに印象は互いに伝わりやすい。[15]

オングは文字のない文化を一次的な「声の文化」と規定しているからそのまま当てはめるわけにはいかないのだが、それでも町田の作品はあまりにもこの「声の文化」と通底する部分が多い。

オングの言う「声の文化」と町田の思考の共通性が最も良く表れている面白い映像がある。町田は90年代初頭にナインティナインのバラエティ番組に出演した際、歌詞について語っているのだ。出演したのは「史上最悪最強のバンド計画」というコーナー。ナインティナインの二人が毎回様々なアーティストを訪ねながら、楽曲を

14　前掲書、164頁。
15　ウォルター・J・オング（1991）『声の文化と文字の文化』（林正寛ほか訳）、藤原書店。

完成させていくという趣旨の企画である。この日、ナインティナインの二人は歌詞の書き方を伝授してもらうべく、町田に会いに行く。そこでは次のような会話が展開された。

［考えていることを書けと促されて］

岡村　「うるさいんじゃ」

矢部　僕はね、「緊張してんのちゃうんか」

町田　これね、一回言うただけではやっぱり分かれへんのですよ。これね四回ぐらい。「うるさいんじゃ、うるさいんじゃ、うるさいんじゃ」ほんでセリフ的に「緊張してんのちゃうんか」

（中略）

［サビとメロのつながりがないことを突っ込まれて］

町田　いや、全然おかしないんですよ。

矢部　なんでですのん？

町田　いや、これね。たしかにこれ一つ歌詞書く時に大事なんは、あの、あんまりね、論理的であったらまずいんですよ。結局、イメージですからねえ。だから錯乱したような状態の方がいいんですよ。[16]

バラエティ色の強い番組ではあるが、ここには明らかにオングの言う「声の文化」の特質のうち、①にあたる複雑な論理の不在や⑤の多弁で繰り返しが多いといった性質が強く表れている。その他の要素についても、例えば②や③は近年の町田が古典の現代語訳を精力的に行っていることと符合するし、そもそも町田の文体の魅力は感情的、参加的な部分にあるから、かなり一致率は高いように見える。

16　「町田町蔵創作の秘密」https://www.youtube.com/watch?v=1JjXPuEMOBo（2021年7月29日閲覧）。

そんな町田の集大成とも言える作品が小説『告白』である。中公文庫の紹介文では「人はなぜ人を殺すのか」というテーマが押し出されているが、個人的にこれはかなりミスリーディングだと思う。むしろこの小説のテーマは「言葉」だと考えられるからだ。

小説の題材は「河内十人斬り」と呼ばれる明治期に起こった実際の殺人事件で、その犯人である熊太郎という人物を主人公にすえている。細かなストーリーは実際に読んでみて欲しいが、最も重要なのは、この熊太郎が思考と言葉の間に大きな溝を抱えた人物であるということだ。

熊太郎は河内の農民の子であるにも関わらず、おそらく非常に近代的な知性の持ち主である。一挙手一投足で様々なことを考えてしまう。しかし、周囲の人間はそれが理解できないし、本人もそれを伝えるだけの言葉を持たない。それゆえに周りから見れば、意味不明の行動をとる「役立たず」に見えてしまう。そんな状況の中で育った熊太郎は、言葉と行動と思考が一致している同じ村の人々との「分かり合えなさ」に苦悩し、やがて凶行にいたる。

この物語の一つのカギとなっているのは、この熊太郎が単に自身の思考を表現する言葉を持たなかったのみならず、ある事情から「持てなかった」点にある。その事情とは、熊太郎が物語前半で、ある人物を殺めてしまったということだ。現実感のない描かれ方をしているから解釈は人によるとも思うのだが、それは少なくとも熊太郎にとっての主観的事実であった。この「殺人」は誰にも露見しないまま物語は進行する。しかし、賭場《とば》で喧嘩になった以下のシーンで、熊太郎は自身が言葉を持てない宿命を負っていることを自覚する。

熊太郎は、俺はこの場で滅亡してやろう、と思って叫んだ。
「どうせ俺はひとり殺しとんね、ここで死んでも構うことあるかい。かかってこんかい、口ぼさのあほんだら」

叫んで熊太郎は内心で、あっ、と思った。熊太郎はいまの瞬間、自分の思想と言語が合一したことを知ったのである。思ったことがそのままダイレクトに言葉になった幸福感に熊太郎は酔った。しかし熊太郎はこうも思った。
俺の思想と言語が合一するとき俺は死ぬる。滅亡する。[17]

ここで熊太郎という一人の人間の中に表現されているのは、まさに「精神の特質と現実経験の実態との痛ましい分裂」にほかならない。思考を現実に反映させる言葉を持たず、持とうとすることすら許されない悲劇。それは反知性主義によって批判されたインテリの悲哀とも重なる。熊太郎が内面的にはインテリであるにもかかわらず、表現の手段としては、「文字の文化」を持たず、むしろ「声の文化」を基調とする人々に包囲されているからである。

ここにいたって、町田は「声の文化」を基盤とする日本型反知性主義を内面化しながら、インテリ批判に回るのではなく、むしろその哀しみを表現することに成功した。それもほとんど大阪弁の話し言葉に近い文体を用いて、である。

『告白』という作品は地の文で大阪弁の「声」に近い文体を用いているという意味で、「形式」において徹頭徹尾パンクである。そうでありながら、思考が先に立ってしまうインテリへの共感を示している。これが日本型パンクの一つの帰結であるとすれば、イメージに反してパンクはやはり人間への愛情とある種の知性を持ち合わせた文化であると言えよう。

しかし考えてみれば、それも当然であるようにも思えてくる。そもそも本章に登場した三上寛も遠藤ミチロウも、そしておそらくアメリカの反知性主義の担い手たちも、表現の違いこそあれ、生身の人間やその感性に対する共感の不在に怒りを表明していたのではな

17 町田康（2008）『告白』（文庫版）、中央公論新社、198頁。

かったか。その分断をもたらしてきた一つの要素が、活字メディアやそれを基調とした文化に絶対的な価値をおく人々の硬直した価値観だったにすぎない。だとすれば、『告白』はその「形式」において「声の文化」の復権というメディア批判を展開し、「内容」において生身の人間に対する共感という根底的なパンクのアティテュードを表現しているということになる。その意味で同作はパンクロックの帰結であり、究極のパンク作品であると言えよう。

THE SEX PISTOLES, RAMONES

↓

↓

New York Dolls
『Too Much Too Soon』(1974)

毒を喰らわば皿まで

後に愛聴盤になるアルバムに出会ったとき、最初の反応は人それぞれだろう。私の場合、思わず笑ってしまうことが多い。中でも大笑いしたのがこのアルバムである。

邦題は「悪徳のジャングル」で、最初は何のことやら分からないが、タイトルトラックを聴くと一瞬で理解できる。本当にジャングルの話なのだ。どうやら都会とジャングルでしばらく過ごしてはイヤになって、行ったり来たりを繰り返す人間のストーリーになっているのだが、そのたびごとに曲調もガラリと変わる。その表現のオーバーなことと言ったら……思い出すだけで笑いがこみあげてくる名曲（迷曲？）である。

New York Dolls と言えば、ニューヨーク・パンクの創始者の一角として名高いが、その実態は、ある意味で悪趣味を突き詰めたようなバンドだ。後にRCサクセションの名盤『カバーズ』にも参加する稀代のヘタウマ（うまくはないが）ギタリスト、ジョニー・サンダースは後世のギタリストに絶大な（リズム面では主に負の）影響を与えた人物で、個人的には現クロマニヨンズのマーシーがレスポールJr. を使っているのもその影響だと見ている。

ジョニーだけでも十分だが、そこにミック・ジャガーの「パチモン」として名高いデイヴィッド・ヨハンセンがなんともバカバカしい歌声をヤケクソ気味にのせるものだから、その全力っぷりにはもう笑わずにはいられない。あくまで個人的な感覚であることを断った上で言えば、この胡散臭いボーカルにも系譜があって、CCR にカバーされた「I Put a Spell on You」（曲タイトルがすでに胡散臭い！）のヒットで知られる Screamin' Jay Hawkins や黒人英語の辞書まで書いてしまった大御所シンガー、Cab Calloway あたりにその起源があるように感じる。

ヘタなギタリスト、胡散臭いボーカルなどとメチャクチャけなしているようだが、やはり彼らの功績はパンクの中でもひと際大きい。極端に言えば「どんなことをしてもいいんだ！」と身をもって後進に示してくれたのだ。その意味で、彼らは音楽の自由の象徴である。なんでもやったもん勝ち！　毒を喰らわば皿まで！　彼らはそんなメッセージを半世紀近く前のニューヨークから、今もバンドマンたちに送り続けているのである。

↓
↓

CAB CALLOWAY, SCREAMIN' JAY HAWKINS, T-REX

RICHARD HELL & VOIDOIDS, THE STALIN, INU

↓

↓

Friction

『Zone Tripper』（1995）

猟奇的で可愛いパンクアルバム

自分が好きな作品であっても他人に薦めやすいアルバムとそうでないアルバムがある。本作は間違いなく後者に属する。経験的に同意してくれる人が少ないからだ。くわえて、Frictionといえば、ファーストアルバムの『軋轢』が有名で、実際、東京ロッカーズと呼ばれる一群のパンクバンドがいた時代の空気感もそちらの方が色濃く出ている。その上であえてこのアルバムを選んだのは、現代の邦ロックとの関わりが深いこと、そして何より私がこの作品を何故か繰り返し聞いてしまうからだ。

ベースボーカルのレックはニューヨーク・パンク末期に花開いた前衛的なムーヴメント、No Wave のシーンで Contortions に参加した経験を持つ、筋金入りのパンクロッカーだ。その他のメンバーは時代によって入れ替わりが激しいが、この頃のメンバーは後に THEE MICHELLE GUN ELEPHANT のボーカル、チバユウスケと ROSSO を結成することになるサトウミノルとイマイアキノブである。ギターのイマイアキノブはチバが新たに作った The Birthday でもギタリストとして活躍した。したがって、本作はボーカルとベースを除けば ROSSO や The Birthday の初期とほとんど同じ音ということになる。

ところが、実際に聴いてみると、その様相はまるで違う。ヘビーで攻撃的なサウンドをバックに、レックはあくまで無機質な言葉遊びに徹している。これが絶妙なズレを生み、なんとなく猟奇的な怖さと、同時にある種の「可愛さ」まで醸し出しているではないか。

青春時代、ミッシェルのファンだった私はこのアルバムを聴いて、なぜ自分が後期のミッシェルがあまり好きではなかったかを理解した。ヘビーなサウンドに対してチバユウスケのボーカルでは「熱すぎる」のだ。「カッコイイ」に「カッコイイ」を重ねるのではなく、「カッコイイ」にはある種の「すかし」が必要で、レックはそこのところの加減が本能的によく分かっている……と個人的には思う。

ただ、こうした性質は諸刃の剣でもある。「カッコイイ」が好きな人は「すかし」に違和感を覚えて敬遠しがちだし、「すかし」が好きな人はヘビーなサウンドにアレルギーを示す場合が多い。このアルバムの評価がさほど高くならないのはそのためだろう。一般的な枠組みを越えてこの奇妙な組み合わせを実現してしまうことこそ、Friction がニューヨーク・パンクの正統な後継者であることの証だと私などは思うのだが、どうだろうか？

↓
↓

S-KEN, CONTORTIONS, LIZARD

第4章

電子音楽は「非人間的」か?

——まがい物のリアリティ

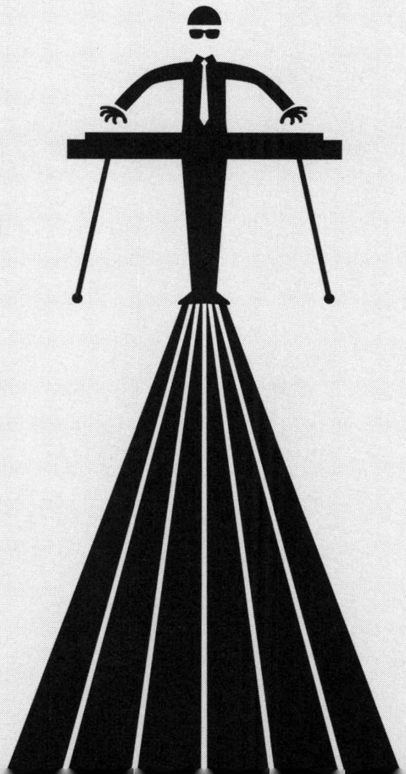

テクノロジーと精神性

日本において、ライブハウスシーンとクラブシーンの間には大きな溝があると折に触れて感じる。両方に出入りする人間は少ないし、もちろん、そこで流れている音楽自体も違う。ライブハウスとクラブ両方の機能を果たすハコもあるにはあるが、ライブイベントの日とクラブイベントの日は大抵分けられていて、両者が混じり合うことは少ない。

欧米でも、少なくとも1970年代頃までは両者が混ざるどころか、むしろ反目し合うような関係にあった。1979年にハウスミュージック（クラブミュージックの一ジャンル）発祥の地とされるシカゴで起こったディスコ・デモリション・ナイトはそれが具現化した出来事だった。この事件は地元ラジオ局のロック系DJスティーブ・ダールが大リーグのシカゴホワイトソックスに持ち込んだ集客イベントに端を発する。イベントはディスコミュージックのLPを持ってきた観客の入場料を98セントとし、そこで集めたLPをダールが爆破するというアンチ・ディスコをコンセプトにしたものだった。イベントの結果、予想外に多くの観衆が集まり、暴徒と化した観客がグラウンドに乱入したこともあって、その後に予定されていた試合は没収試合となる。アンチ・クラブミュージックのあまりにも有名な事件である。

ディスコは黒人のゲイカルチャーと強い結びつきがあったから、この事件の背後には同性愛者や黒人に対する差別感情もあったが、そうでなくとも、ロックやファンクのミュージシャンや批評家たちは随分クラブミュージックを毛嫌いしていたようだ。野田努はディスコ・デモリション・ナイトをとりあげた上で当時の状況を次のように説明している。

> アンチ・ディスコには多くのひとが賛同した。まずそこに食いついたのはロック・ジャーナリズムだった。スター不在、ライヴ不可能、しかも明確な目的を持たないディスコ・ミュージックはロックにくらべて明らかに劣るものである、とロック信者たちは口を揃えた。
>
> ディスコを攻撃したのはロックだけではなかった。黒人評論家ネルソン・ジョージは伝統的なブラック・ミュージック信者の立場からディスコを「心のこもらない繰り返しの演奏の白痴的な歌詞のサウンド」と切り捨て、ジェームズ・ブラウンもまた音楽的な立場からそれを批判した。[1]

ここに登場する「心のこもらない」という言葉の裏には、音楽を人間の精神性の発露とみて、機械やテクノロジーと対立的にとらえる思想が横たわっている。機械によって反復されるビートなど音楽作品として認めない、というわけだ。

こうした音楽に対する考え方が、近代になってからの、もっと言えばここ200年程度の間に形成された「思い込み」でしかないことは、すでに渡辺裕によって指摘されている。渡辺はベートーヴェンをはじめとするクラシックの作曲家と楽器の関係に焦点をあてながら、次のように述べる。

> その後の時代に音楽はきわめて人間的・精神的な営みとして位置づけられるようになり、機械による演奏などというものはその本質に反するものだというイデオロギーが前面に出てくることになるのであるが、少なくとも十九世紀初頭の時期を支配していたのは、それとは全くちがう、『機械による完璧な演奏』

1　野田努（2017）『ブラック・マシン・ミュージック―ディスコ、ハウス、デトロイト・テクノ［増補新版］』、河出書房新社、18頁。

の実現への期待だったのである。[2]

現代人が人間性の究極の発露と見なすクラシックの名曲が生まれた時代、当時の人々が企図していたのはむしろ機械によって完璧な演奏を実現することだったと渡辺は看破しているのだ。現代人による「人間性信仰」が「思いこみ」にすぎないことを自覚する上でこの指摘は重要である。

渡辺の著作は主に19世紀から20世紀前半にかけてのクラシックを対象としているが、こうした「思い込み」がロックにも受け継がれ、前述のアンチ・ディスコ運動などの底流をなしているであろうことは想像に難くない。皮肉なことに、ロックという音楽が、ベートーヴェンを神格化したクラシックファンとこうした枠組みを共有していたからこそ、「ベートーヴェンをぶっとばせ！」の標語は成立したといえよう。

ところが、1980年代になると状況は一変する。いわゆるファイン・アートを出自とする人々によってテクノロジーと人間の精神が再び手を結ぶことになるのだ。以下では、精神性の欠如した非人間的なものとみなされた機械やテクノロジーをミュージシャンが取り入れ、それによって大衆性を得ていった時代、すなわちニューウェーブの時代について考察する。テクノロジーと人間精神の再結合はいかにしてなされたのか。また、それは渡辺の明らかにしたかつての結びつき方とどのように異なっていたのか。これらの問いに焦点をあてることは、クラブミュージックをはじめとした電子音楽とロックの間に今なお存在する「人間性（＝高度な精神性）」の有無という錯覚を打破し、それに基づく両者の溝を埋めることにつながるだろう。

2　渡辺裕（1997）『音楽機械劇場』、新書館、25頁。

Kraftwerk と Talking Heads

図 4-1　Autobahn

どのジャンルにも言えることだが、「ニューウェーブ」などと一口に言ったところで、その実態は多様である。XTC などの独特のポップセンスを有したポストパンクのバンドを全てニューウェーブと呼ぶこともある一方で、直感的には YMO のようなテクノポップを連想することも多い。しかしニューウェーブとされるミュージシャンの中で、特異な性質を持ったアーティスト、言い換えれば、「自身のフォロワーを除けば他のどのグループともあまり似ていないミュージシャン」となると、その数はかなり絞られてくるのではないか。

たとえば、XTC や Squeeze などは（個人的には本当に大好きなのだが）、歌メロや演奏にオリジナリティはあっても、形式としてはいわゆる普通のロックバンドの域を出ない。ひょっとすると PIL などはこれにあてはまるかもしれないが、やや大衆性には劣る。そうして考えて見ると、ニューウェーブの中心で大衆性を持ちつつ、特異な存在感を放っているのは Kraftwerk と Talking Heads。ごく私的な見解であると断ったうえで言うならば、彼等こそがニューウェーブの本質を体現したグループではなかっただろうか。

Kraftwerk はドイツのテクノユニットで、YMO の元ネタにもなったグループだ。グループの原型自体は 1960 年代から存在したというが、最初に有名になったのは 1974 年の『Autobahn（アウトバーン）』というアルバムだ。アウトバーンとは、ドイツの高速道路のことで、一部を除き制限速度がないことで有名である。このアウトバーンを疾駆する感覚を音楽で表現した表題曲「アウトバーン」は

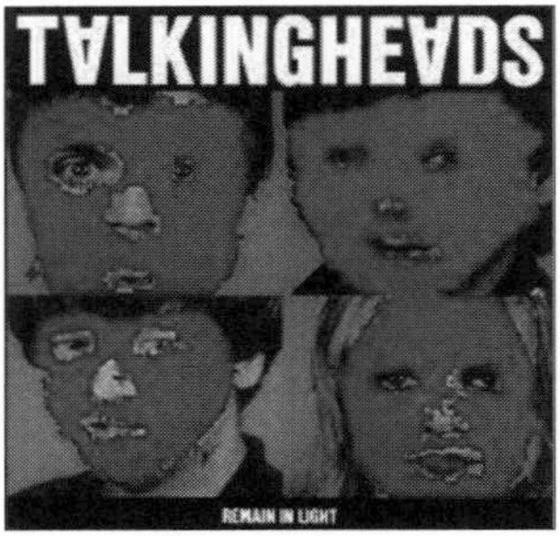

図 4-2　Remain in Light

ミニマルミュージック（最小限のフレーズを繰り返す音楽）やテクノポップの傑作とも言える。その後も彼らは『Radio-Activity（放射能）』、『Trans-Europe Express（ヨーロッパ超特急）』、『The Man-Machine（人間解体）』といった無機物をテーマとする作品を発表し続けた。つまり、先に述べたような「人間性」をむしろ積極的に排除することを自分たちの作品性へと高めたのである。未見の読者は是非一度、彼らのライブを YouTube などで視聴してみてほしい。大統領の記者会見に使うようなテーブルの前でほとんど微動だにせず演奏し続ける彼らの姿は、「熱いライブ」とは真逆の、いわば「絶対零度の音楽」を体現している。彼らは本当に機械のようなのだ！（実際、自分たちに似せたロボットを並べている映像すらある）

一方、こうした特徴を持つ Kraftwerk に比して、Talking Heads は全く異なる方向性を持っていたように見える。Talking Heads ははじめ、ニューヨーク・パンクのシーンに登場した。初期の代表作はベースラインが有名な「Psycho Killer」だが、この曲で終わっていれば、彼らはこれほど歴史に残るバンドになっていなかったかもしれない。Talking Heads の真骨頂はむしろ 1979 年に発表されたアルバム『Fear of Music』以降である。Roxy Music のメンバーとして有名な実験音楽の雄、ブライアン・イーノをプロデューサーに迎えて（ただし、前作もブライアン・イーノがプロデュース）制作されたこのアルバム以降、ディスコやアフロ・ビート（フェラ・クティなどに代表されるアフリカン・ビート）を取り入れていった彼らは、歴史に残る名盤やライブ・パフォーマンスを連発する。一般に各時代に特徴的なバンドやスタイルは次の時代には「ダサい」とみなされがちであるが、彼らのアルバム『Remain in Light』やライブの映像作品である『Stop Making Sense』などは、そのアクの強さに反して、後の時代にも評価され続けている不朽の名作である。

かたや機械やテクノロジーといったものを具現化したような楽曲を発表し、無機質な電子音を駆使するKraftwerk。一方でむしろ原始的な衝動に回帰するかのようにダンスミュージックの熱狂をリズムに取り入れていったTalking Heads。これらを二つの中心として見た場合、ニューウェーブと呼ばれる音楽群には、一見、異なる二つのタイプがあるように見える。しかし、彼らはある点において共通していた。それは音楽の中で表現しようとした対象と、その方法論である。以下、順に見てみよう。

疑似的な「限界芸術」

Kraftwerk と Talking Heads が表現しようとしたものを一言で表す言葉がある。それは「限界芸術」である。「限界芸術」とは鶴見俊輔が名付けた芸術の分類だ。鶴見はその名もズバリ『限界芸術論』という著作の中で芸術を受け手と送り手の二つの軸から「純粋芸術」「大衆芸術」「限界芸術」の三種類に分類し、次のように説明している。

> 純粋芸術は、専門的芸術家によってつくられ、それぞれの専門種目の作品の系列にたいして親しみをもつ専門的享受者をもつ。大衆芸術は、これもまた専門的芸術家によってつくられはするが、制作過程はむしろ企業家と専門的芸術家の合作の形をとり、その享受者としては大衆をもつ。限界芸術は、非専門的

> 芸術家によってつくられ、非専門的享受者によって享受される。[3]

具体的に言えば、限界芸術とは民謡や雑器などのように誰が書いたか、作ったか分からない、庶民の暮らしの中から自然発生的に生まれてきた芸術を指す。こうしたものを評価する視点は第二章で扱った1960年代の「上昇志向から下降志向へ」という文化の変容と軌を一にしているが、鶴見が『限界芸術論』を発表したのは1950年代半ばだったから、そうした潮流の先駆と言ってもよい。

面白いのは、ここで言われている「専門的芸術家」が限界芸術に接近し、いわば「擬似的な限界芸術」のようなものを作ろうとする流れがあったことを鶴見が指摘している点だ。実はこの姿勢がKraftwerkやTalking Headsにそっくりなのである。

> 民謡は、レコードの形で、また流行歌集のすみに残っている。昭和初期には野口雨情とか、西条八十のような流行歌の専門的作家が、地方にまねかれて行って、土地の有力者の求めるままにその土地の事情にあわせた「民謡」を書いてあたえる風習がかなりひろく行われたことがあった。柳田国男は、この種の大衆芸術としての流行歌から限界芸術としての民謡を区別するために、「民謡」を、いくらさかのぼってしらべて見ても、作者名の分らぬものと定義した。[4]

野口雨情は戦前に活躍した作詞家で、「赤い靴」や「シャボン玉」といった現代まで歌い継がれている童謡や唱歌の作詞で知られる。一方、西條も「東京行進曲」や「蘇州夜曲」、「青い山脈」、「王将」

3　鶴見俊輔（1999）『限界芸術論』筑摩書房、14-15頁。

4　前掲書、18-19頁。

など数多くの大衆音楽でヒットを飛ばした大作詞家だ。こうした明らかな「専門的芸術家」たちが各地域で「擬似的な限界芸術」を意識的に創作していたというのである。

日本の昭和の作詞家と何が関係あるのかと言われそうだが、前述のとおり、Kraftwerk や Talking Heads の作品はこれとよく似た狙いで作られていた。例えば、ドイツの大衆文化に造詣の深い明石政紀は Kraftwerk について次のように論じている。

> [Kraftwerk の中核メンバーは] 身の回りの現実を見つめた「ルール地方の音響的描写」をもくろむようになった。モダンかつテクノなイメージが付きまとい、ドイツのグループの中でも最もインターナショナルな成功を収めたクラフトワークは、おもしろいことに、もともといわば「郷土音楽グループ」だったのであり、私が思うところ、ずっとそうであり続けた。ただ、彼らの創り出す「郷土音楽」は、もはや存在しようもない（実際には存在したためしのない）古き良き愛と緑の理想郷賛歌ではなく、工場の煙と緑の木立、機械の雑音と人間の雑念が同衾する現実のルール地方の洒落っ気たっぷりの戯画である。(5)

ここで明石の言う「郷土音楽」は、日本において「擬似的な限界芸術」として成立した西條らの作品と重なる部分が大きい。つまり Kraftwerk は機械を駆使したテクノポップでありながら、鶴見の言う野口雨情や西條八十とほとんど同じ意味で「専門的芸術家」であったといえよう。

Talking Heads とアフロ・ビートの関係にしても、それは同じである。

5　明石政紀（1997）『ドイツのロック音楽』水声社、115-116頁。

> バーンはかねてよりフィールド・レコーディングを熱心に愛好しており、さらにはロバート・ファリス・トンプソンやジョン・ミラー・チャーノフといった、アフリカ文明と部族社会における音楽の役割研究のエキスパートである人類学者やエスノメソドロジストたちの著作にも手を出していた[6]。

このことはボーカルのデヴィッド・バーンがアフリカの土着文化としての音楽に強い興味を抱いていたことを示している。この時点でバーン自身がアフリカに直接赴いて観察したわけではないにせよ、こうした姿勢はやはり「擬似的な限界芸術」の創作という点で似通っている。

さらに付け加えるなら、野口、西條、そしてKraftwerkやTalking Headsのメンバーの大部分がいわゆるファイン・アート畑の出身であることも共通している。Kraftwerkの中核メンバーは正規のクラシック音楽教育を受けているし、Talking Headsのメンバー同士もロードアイランドの美大で出会っている。ひょっとするとこの時期、ファイン・アートの領域において世界的に限界芸術的なるものへの接近があったのかもしれないが、それについて確たることは言えない。ただ、ドイツとアメリカという遠く離れた場所において彼らがよく似た狙いで新たな音楽を創作していったのはたしかである。

キッチュ：まがいもののリアリティ

彼らが表現しようとした限界芸術的なるものは、先に述べたようにあくまで擬似的なものだった。こうしたいわば「まがいもの」性

6　サイモン・レイノルズ（2010）『ポストパンク・ジェネレーション1978-1984』（野中モモ・新井崇嗣訳）、シンコー・ミュージック、99頁。

を自覚的に利用する手法もまた、彼らに共通して見られる要素である。

こうした「まがいもの」としての芸術作品のありかたを理解するために重要な概念が「キッチュ」である。キッチュとは、日本語では「俗悪」とか「イカモノ」などと訳される。芸術としての正統性は認められないが、ある社会に住む人々の共通意識を具現化したようなモノ、あるいはそのモノを創り出した精神的な態度を指す。

おそらく日本で最も深くこの概念を追求したと目される評論家の石子順造は、キッチュなモノについて「イメージの○○」という表現を多用する。決してホンモノではないが、多くの人のイメージを捉えているというキッチュの性質を強調するためだ。例えば庭におくためのプラスチック製の岩石は、もちろんまがい物であるが、自然の庭石よりもずっと「自然らしい」形をしている。これを石子は「イメージの自然」と呼ぶ[7]。

さらに分かりやすくするために現代的な事例を挙げるとすれば、芸人の中川家・礼二や友近といった人々の芸風は間違いなく、石子の言うキッチュにあてはまるだろう。礼二が演じる「大阪のおっさん」は本当にいるかどうかに関わらず、我々のイメージを捉えているし、友近演じる水谷千重子は、まがい物でありながら大物演歌歌手のイメージを見事に具現化している。もし石子が生きていれば「イメージの大阪」とか「イメージの演歌歌手」とでも表現したかもしれない。

こうした「ホンモノよりホンモノらしいまがいもの」を議論の俎《そ》上《じょう》にのせることで、「芸術」という枠組みを疑い、一般庶民（つまりは非専門家）に共通する美的な感性を救出しようと試みた石子の態度は、一定のズレを含みながらも鶴見の「限界芸術」と通底している。日本的文脈に沿って言うなら、これもまた、第二章で述べた

7　石子順造（1986）『キッチュ論―石子順造著作集Ⅰ』喇嘛舎。

ように、旧左翼を仮想敵とみなす新左翼が土着的な文化に卓越性を見出そうとした思想の流れと軌を一にしていたといえよう。石子が盛んに評論を展開していた1970年頃から10年を経ずして音楽の世界に表れたKraftwerkやTalking Heads、そして後述するYMOを代表とするニューウェーブの面々の本質はこのキッチュのあからさまな活用にこそあったのではないか。

彼らはキッチュを単に取り込むのではなく、明示的に表現の中に入れ込んでいる。Kraftwerkについて言えば、彼らの表現したものが電子音楽による「イメージのアウトバーン」であり、「イメージの放射能」であったことは明らかである。まがい物であるにもかかわらず、圧倒的なリアリティをともなった彼らの音楽がキッチュであったことは疑う余地もないが、あえて前出の明石政紀の言葉を引いておこう。明石は『アウトバーン』の前作『ラルフ&フローリアン』に収録されている「パイナップル交響楽」を「キッチュをキッチュとして描き出す彼らの機知」によって特徴づけられる作品であるとし、『アウトバーン』をその進化形と位置づけた。

> ここには、神秘も恍惚も救済もない。ただただ、アウトバーンを走っていくだけである。
>
> そして、これらと隊列を組んでいるのは、冒頭に述べたあの「紛い物性」である。クラフトワークが「電子グループ」として画期的だったとすれば、それは電子音の紛い物性をそのまま効用として用いた点にある（それにひきかえ、今にいたるまでほとんどのバンドは電子楽器に「リアルさ」を求めている）。この紛い物性は、彼らのユーモアと遊戯心の表れであると同時に、自分たちの音楽行為に対する距離をも保証している。(8)

8　明石政紀、前掲書、135頁。

Kraftwerkがどこかユーモアと皮肉を湛えているのは、キッチュを明示的に作品に取り込むというメタな態度ゆえである。本人たちはほとんど自らのことを語らないが、明石の批評は相当程度に的を射ているのではないだろうか。

こうした態度は、実のところTalking Headsのアフロ・ビートへの態度にも見てとれる。ボーカルのデヴィッド・バーンが『Fear of Music』と並行して進めていたサイドプロジェクト『My Life in the Bush of Ghosts』（ブライアン・イーノとの合作）のコンセプトは次のようなものだったからだ。

> ハイテク西洋音楽と、世界の至るところから集められた原始的エスニック音楽の融合。最終的に『マイ・ライフ・イン・ザ・ブッシュ・オブ・ゴースツ』に帰結したものの、もともとのアイデアは「存在しない部族の偽フィールド・レコーディング」というものだった。「僕たちはこれのために、一つの文化全体を発明しようとした」、バーンはそう回想する。[(9)]

ここでバーンが述べているのは紛れもなく、「イメージの民族音楽」である。ベースのティナ・ウェイマスをはじめとする他のメンバーはディスコやアフロ・ビートを正面から好んでいたようだから、Talking Heads全体がそうであったかどうかは分からない。しかし、少なくともバンドのコンセプトを引っ張っていたデヴィッド・バーンとプロデューサーのブライアン・イーノは間違いなく、民族音楽のキッチュを提示しようとしていたのである。

9　サイモン・レイノルズ、前掲書、99頁。

日本のニューウェーブと「イメージの未来」

こうしたキッチュの明示的な利用は、他にもいくつかのニューウェーブバンドに見られる特徴である。中でも、日本への影響が最も強かったのはDevoだろう。アメリカの田舎町アクロンから登場した彼らは未来社会を連想させる揃いのコスチュームに身を包み、ロボット的な動きで演奏して見せる。彼らいわく、DevoとはDe-Evolutionの略であり、人間は退化した生き物だという。そんなディストピア的な未来像を想起させる彼らは紛れもなく「イメージの未来」であり、「未来社会のキッチュ」にほかならなかった。

彼らのファースト・アルバム『Q:Are We Not Men? A:We Are DEVO!』はやはりブライアン・イーノがプロデュースに関わっているから、ひょっとするとイーノという人物自体がキッチュを明示するという手法を好んだのかもしれない。

日本の典型的なニューウェーブバンドはその多くがDevoの影響を色濃く受けていた。後にケラリーノ・サンドロヴィッチとして舞台・映画監督として活躍することになるケラ率いる有頂天。アニメ『けいおん』の主人公たちの名前の元ネタにもなったP-model。見た目からして彼らがDevoのフォロワーであったことは疑いない。Kraftwerkをはじめ、もう少し多方面から影響を受けたとされるプラスティックスにしても、「Copy」などの曲に見られる不気味な明るさはやはりDevoを連想させる。程度の差こそあれ、彼らはDevoの模倣には一定程度成功した。今聴いても面白い楽曲もたくさんあるし、あれはあれで同時代的には面白いムーヴメントだったろう。しかし、先に述べたような「キッチュの明示的な利用」というニューウェーブの本質を彼らがどの程度理解していたかは疑わしい。ケラなどは言語化しないまでも、肌感覚でキッチュの本質に肉薄していたようにも思えるが、多くの人々はこの時点では電子楽器を使った「未来的」なサウンドを単純にニューウェーブと捉えていたように見える。

そんな時代のただ中にあって、ニューウェーブの本質を見事に捉えていたのは、やはりＹＭＯだ。YMOもDevoの「Satisfaction」にインスパイアされて「Day Tripper」をカバーしたように、Devoの影響を受けてはいた。しかし、コンセプト面では自分達独自のキッチュを操って見せた。

図 4-3　Q:Are We Not Men? A:We Are DEVO!

図 4-4
YELLOW MAGIC ORCHESTRA

Yellow Magic Orchestraという名称が白魔術でも黒魔術でもなく、黄色人種による黄魔術であるという意図に由来するという話はあまりにも有名だが、とりわけ初期の作品において、その意図は見事に音楽へと反映されている。例えばファースト・アルバムに収められた「東風」では、東洋的な音階を利用することで、どこにもないステレオティピカルな東洋を描き切っている。このファースト・アルバムは頭からケーブルの飛び出したロボットが着物を着ているジャケット（俗に「電線芸者」と呼ばれているらしい）が有名だが、これも日本とテクノロジーのイメージを融合させた見事なキッチュであるというほかない。

ちなみにこのジャケットはアメリカ版のもので、ルー・ビーチという人物がデザインしている。キッチュが多くの一般人（非専門家）に共有されたイメージである以上、アメリカ人に描かせた方が、アメリカ社会における「日本のキッチュ」を正確に捉えることができるという判断もあったのかもしれない。逆に言えば、音楽の世界においては自力で欧米人から見た「イメージの東洋」を構築できるほど、YMO のメンバーの感覚は欧米化していたともいえる。

セカンドアルバムではこの方向性をより深化させている。冒頭の「Technopolis」ではいかにも東洋的なメロディが散りばめられているが、そこに登場するのは「Tokyo」ではなく「Tokio」である。当時の多くの人のイメージをとらえながらも、そこで描かれているのは、どこにもないイメージの先端技術都市なのだ。もちろん彼らは Kraftwerk と同じく、電子音のまがいもの性を前面に押し出すことにも余念がない。「Rydeen」のバックで流れ続ける電子音のギャロップは文字通り走る馬の足音を表現しており、内容は時代劇をモチーフにしているという。

それにしても、当時の日本でこれほど「未来のキッチュ」が受け容れられたのはなぜだろうか。ドイツの Kraftwerk は現代のドイツを、アメリカの Talking Heads は未開社会の伝統を、そして日本の YMO は未来都市をそれぞれ戯画化して表現した。このことは、各時代において人々が最も望むものを提示していたと言えば、そう言えるかもしれない。1960 年代から 70 年代にかけて活躍した Kraftwerk は「西ドイツの奇跡」を成し遂げたドイツの同時代への満足感とリンクして見えないこともない。1970 年代から 80 年代まで過度のインフレや失業率の間で動揺し続けたアメリカでは、人々が原始的な活力への憧憬をどこにもいない未開民族に託すこともあっただろう。

とはいえ、こうした話はあまりに大味すぎるし、各国の事情と詳しく照らし合わせる用意も私にはない。ただ、おそらくバブル景気を前に、世界に冠たる経済大国、技術大国になろうとしていた日本人が未来への夢を大きく膨らませていたのは確かだ。だからこそ、Devo を下敷きにしたニューウェーブバンドたちに Devo ほど大きな影はなかったし、YMOにしても未来社会をあくまで唯美的に描き切った。

石子順造いわく、「歴史の原動力が民衆であるとすれば、キッチュは、歴史の肉づけであり、その発気[10]」である。だからこそ、キッチュであること自体を作品性の本質に据えたニューウェーブのバンドたちは、その理屈っぽく冷たいたたずまいにも関わらず、各時代の非専門家の感覚とのつながりを失わなかった。彼らがどこかコミカルな「可愛さ」や「隙」のようなものを湛えている由縁であろう。

ニューウェーブが表現しようとしたもの

ここまでの話で重要なのは、こうした人々のイメージの断片をかき集めて作品を創るという手法が機械や反復するディスコビートといった、ロック好きが「非人間的」と見なす要素によって実現されていることだ。しかし、限界芸術やキッチュという視点を踏まえたうえで、こうしたあり方が「非人間的」などと誰が言えるだろうか？

ただ、それはベートーヴェンに代表されるクラシック音楽家たちに対して現代人が持つ「精神性」のイメージとはずいぶん異なっている。後世の人間がクラシックに見出した「精神」とは、卓越した個人の「精神」であった。しかし、ニューウェーブの面々が表現しようとしたのは個人ではなく、ある時代、ある場所に生きる集団によって分かち持たれていた、いわば大衆の「精神」だった。

こうした違いは第一章でほんの少し触れたロックとクラブミュージックの違いとも対応している。ロックは卓越したパフォーマーによって演奏され、オーディエンスもそれを見に行く。それに対してクラブミュージックはそうした中心的な個人を持たない。その意味でロックと（後世から捉えられた）クラシックは「卓越した個人」

10　石子順造、前掲書、36-37頁。

という枠組みを共有しているとも言えるのである。

ではなぜ、「卓越した個人」という意識と機械はこんなにも相性が悪いのだろうか？　あくまで推測であることを断った上で言うならば、そこには、機械に対する根本的な「怯え」があるのではないだろうか。それは機械が人間を変質させてしまうのではないかという技術決定論的な「怯え」である。

社会学者の佐藤俊樹はかつて、技術決定論批判をする中で、未来の技術予測がなぜ失敗するのかを論じた。そこで展開されていた論理はこうだ。

本来、技術予測には、その技術が実現できるかどうか（技術実現予測）と同時に技術普及予測が必要である。技術普及予測とは、その技術が人々に必要とされるか否かの予測である。さらに、そうした人々の欲望を予測するためには社会自体に対する予測が必要だ。つまり、未来社会を予測することで、はじめて人間の欲望を予測することができ、それを加味しなければ技術予測など成り立たない。しかし、技術決定論者は逆の思考をしてしまう。こんな技術が出てくれば、社会や人間はこう変わるはずだ、と。(11)

佐藤が批判した技術決定論的な思考は、テクノロジーと人間を分離して考えているという点で、電子音楽否定派と通底している。本当は人間の欲望抜きにはテクノロジーは存立しえないにも関わらず、あたかも機械の側が人間を一方的に変質させてしまうように感じているのだ。これこそ、先に述べた「怯え」の正体である。そう考えれば、電子音楽を敬遠する発想はむしろテクノロジーに対する過大な期待に基づいているとさえ言える。

電子音楽やテクノロジーを恐れる必要はない。なぜならそうしたものを欲望し、生み出し、用いるのはあくまで人間であり、その限りにおいてそれらもまた、どこまでも「人間的」だからである。

11　佐藤俊樹（1996）『ノイマンの夢・近代の欲望―情報化社会を解体する』、講談社。

個人の発明した技術や創作物ではなく、人々の欲望こそが社会を動かす。情報社会において忘れられがちな、そんな当たり前のことをニューウェーブの面々は一見冷たい相貌の下から我々に今なお伝えてくれるのである。

TALKING HEADS

↓

↓

Serge Gainsbourg
『Initials B. B.』（1968）

フランス＝ワールドミュージックの実験場!?

Talking Heads の代表曲「Psycho Killer」で一部フランス語が使われていることはよく知られている。アート志向の強いデヴィッド・バーンがフランス語を使っていたことがなんとなく腑に落ちるのは、「フランス＝芸術」というイメージがある程度定着しているからだろう。しかし、個人的な印象では、フランスにはエロ・グロ・ナンセンスのイメージが強い。西洋近代的価値観の発祥の地の一つでありながら、いや、だからこそ、キレイで整ってきちんとした社会など所詮作り物だと全員がうっすら認識している気がするのだ。

セルジュ・ゲンスブールはそんなフランスを具現化したようなアーティストである。常に煙草をくわえ、何を聞かれてもどうでも良さそうに返答する女好きでニヒルな孤高の天才。彼はその生涯をかけて社会規範に対して「反抗」、というより「無視」の態度を貫いた。日本でもヒットした「夢見るシャンソン人形」の歌い手、フランス・ギャルには別の曲「アニーとボンボン」で露骨に性的な比喩をこめた歌詞を歌わせ、晩年にはフランス国家のレゲエ版パロディを発表してフランス大衆の怒りを買った。

そんなゲンスブールは、伝記映画のタイトルが『ゲンスブールと女たち』であることからも分かるように、数々の有名女優と浮名を流しまくった。中でも重要な二人の女性がジェーン・バーキンとブリジット・バルドーである。エルメスのバッグの名前の由来にもなった大女優ジェーン・バーキンとは夫婦として10年以上連れ添い、二人の喘ぎ声の入った名曲「Je t'aime moi non plus」などを発表して物議を醸した。日本でもこの楽曲は「要注意歌謡曲（俗にいう放送禁止歌）」に指定されている。

しかし、実はこの楽曲はバーキンと出会う前、親密な間柄だった女優ブリジット・バルドーのために作曲されたものだった。当時夫のいたバルドーがこの曲を発表することに難色を示したのだ。本作は「Je t'aime moi non plus」こそ収録されていないものの、当時不倫関係にあった二人がめくるめく愛欲の日々の中で生み出した怪作である。もちろん、アルバムタイトルの「B. B.」とはブリジット・バルドーを指す。音楽的には、バックにガレージバンドをしたがえた歌謡ロックのような作品と言えるかもしれない。ただ、何といってもゲンスブールのセクシーすぎる声とバルドーの安っぽくも歯切れのいい声の絡み合いは唯一無二である。誰もが社会正義の名のもとに、他者を攻撃しようとする現代においてこそ、この甘美かつ不道徳なアルバムを手に叫びたい。カッコイイとはこういうことさ！

↓

↓

丸山（美輪）明宏，野坂昭如，淡谷のり子，越路吹雪

第5章

国民的音楽は首都から生まれるか?

――マッドチェスター都市論

クール・ブリタニアとマンチェスター

2012年に開催されたロンドンオリンピックの開会式は、よく言えばイギリスの懐の深さを、悪く言えばその狡猾さを惜しみなく世界に知らしめるものだった。開会式の企画総指揮を担当したのは、ダニー・ボイル。ドラッグにどっぷり浸かった若者たちを描いた映画『トレイン・スポッティング』の監督である。音楽担当には同じく『トレイン・スポッティング』で音楽を担当したUnderworldが起用されている。日本に置き換えて考えてみて欲しい。世界的に評価されているとはいえ、麻薬中毒者のリアルな日常を描き、R-15指定のつくような作品を制作した監督を世界的なイベントの中心におく勇気のある政治家や業界人がいるだろうか。

おまけに式典中にはThe Clashの「London Calling」、そしてSex Pistolsの「God Save The Queen」までサウンドトラックで用いられている。これも日本に置き換えてみればとんでもないチョイスである。例えば、RCサクセションが世界的に人気を集めたバンドだと仮定したとしても、忌野清志朗の「君が代」パンクバージョンをオリンピックの開会式に流すことなどありえるだろうか。

もちろん、そうしたサブ・カルチャーとともに、イギリスが誇る文学というファイン・アートの強調にも余念がない。開会式の名称は「Isle of wonder（驚きの島々）」。これはシェイクスピアの作品『テンペスト』にちなんだものであり、実際に式典内で朗読も行われた。

オリンピックという一大イベントに際して、階級社会イギリスは「英国民」という抽象度の高い次元でその対立を一時的に解消し、特大の花火を打ち上げたわけである。こうしたサブ・カルチャーを前面に押し出し、イギリスの独自性を強調する手法は、1997年から2007年まで首相を務めたトニー・ブレアによる「クール・ブリタニア」の流れを引き継ぐものだ。

労働党の党首でありながら新自由主義的政策を推し進めたとされるブレアの評価はさておき、このクール・ブリタニアは一定の成功をおさめた国家ブランディング戦略であり、メディア文化政策の模範例として有名である。しかし、その陰にマンチェスターという「英国第二の都市[1]」が大きな役割を果たしたことはあまり意識されたことはなかったのではないだろうか。

例えばクール・ブリタニアを押し出すためにブレアは当時世界的なモンスターバンドへと昇りつめつつあったOasisと親交を深め、ブランディング戦略に取り入れたが、彼らはマンチェスター出身である。また、前述の開会式を指揮したダニー・ボイルは『トレイン・スポッティング』でイギリス映画界の救世主となったが、彼もまた、マンチェスター出身だ。

しかし90年代以降のイギリスを代表する文化がなぜ第二の都市から生まれたのだろうか。本来は規模から言っても、首都であるロンドンからそうした文化が輩出されてもおかしくないはずである。しかし、結論から言えば、むしろ第二の都市が「国民的文化」の土壌となることには必然性がある。以下ではマンチェスターの音楽シーンに注目することで、その理由にせまってみたい。

マッドチェスター前夜

マンチェスターでは、1980年代終わりから1990年代初頭にかけてマッドチェスター（Madchester）・ムーヴメントと呼ばれる音楽シーンが形成されていた。マンチェスターと「狂気」を意味する

1　マンチェスター市域の人口は2020年現在6位だが、近郊を含めると2位のバーミンガムと同等であり、経済的にはバーミンガムをリードしているため、「イギリス第二の都市」として一般に認められている。

「Mad」を繋げてマッドチェスター。その名の通り、MDMAをはじめとする多幸系ドラッグがやたらと出回ったこともあって数年で終焉を迎えたとされているが、その後のイギリス音楽に様々な展開をもたらした。

マッドチェスターが生んだアーティストたちの最大の特徴はクラブミュージックとロックの融合にある。現在でも精力的に活動を続けているChemical Brothersはテクノユニットでありながらロックを多くサンプリングしていたし、New OrderやHappy Mondaysはロックの中にクラブミュージックの要素を取り入れていった。現代においてもライブハウスとクラブが住み分けされる傾向の強い日本から見れば、こうした融合は驚くべきものだ。

マッドチェスターが生まれてきた背景には二つの潮流がある。その第一はパンクロックの流れである。これは地元のパンクバンドBuzzcocksが持ち込んだものだ。BuzzcocksはSex PistolsやThe Clashほど有名ではないが、パンクバンドではそれらの次点に来るほど著名なバンドである。彼らはロンドンではなく、マンチェスター出身だった。音はたしかにパンクの音だがメロディーラインが非常にポップであるため、後のメロコアやポップパンクの祖と位置づけられることもある（例えば、90年代から00年代初頭まで日本で活躍したポップパンクバンドGOING STEADYはバンド名がBuzzcocksのアルバムに由来していると明かしている）。

そんなBuzzcocksのメンバーはSex Pistolsに感動し、自分たちのバンドを結成するとともに、1976年、マンチェスターのFree Trade Hallで彼らのライブイベントを企画した。一部ではあまりにも有名な話だが、この時ライブ会場にいたのはわずか42人。しかし、その中には後にThe Smithsを結成するモリッシーや、Joy Divisionのメンバーたちが含まれていた。これをきっかけにパンクはマンチェスターでロンドンとは異なるシーンを形成し、英国インディーシーンの基礎となる偉大なバンドを生み出していったのである。

マッドチェスターを生んだいま一つの潮流はスペインのイビサ島から持ち込まれたバレアリック・サウンド（Balearic Sound）と呼ばれるクラブミュージックの流行である。この名称はイビサ島を含む地中海のバレアリック群島に由来している。イビサ島は当時から現在にいたるまでレイヴ・パーティー（野外でのクラブイベント）の聖地として知られる場所だ。

バレアリック・サウンドがイギリスに輸入されたきっかけは1987年、あるイギリス人DJたちが誕生日パーティーのためにイビサ島を訪れたことだった。単なるバカンスとしてイビサ島に赴いた彼等だが、そこで、見たこともないスタイルのDJプレイを目にする。DJたちはデトロイトテクノやシカゴハウスを基盤にしつつも、ジャンルを超えてそれらを自由に組み合わせ、新しい音楽を創造していた。このとき、イビサ島を訪れた若者たちの中に、後にナンバー1DJとして世界に君臨することになるポール・オーケンフォールドがいた。彼は自らがイギリスに持ち帰ったDJスタイルについて次のように語っている。

> 今思い返してみると、（中略）私たちがシーンを立ち上げ、Spectrum、Futureといった、バレアリック・サウンドやアシッドハウスを流す最初のクラブイベントを始めたときには、お手本にすべき音や文化の青写真は既に出来上がっていた。このことは明らかだ。その青写真とは、シカゴやニューヨーク、デトロイトといった都市で、ラリー・レヴァンやホアン・アトキンス、フランキー・ナックルズ、マーシャル・ジェファーソン、デリック・メイ、ロン・ハーディ、トニー・ハンフリーズのよ

> うなDJたちによってすでに発展させられていたものだった(2)。

これを見れば、イギリスに持ち込まれるまでのクラブ・ミュージックの系譜がよくわかる。アメリカ各地で生まれたDJスタイルがイビサ島でミックスされ、それがイギリスに持ち込まれたのである。

こうしてイギリス国内でクラブミュージックは開花する。レイヴ・パーティーが頻繁に開催され、ドラッグも多く出回った。そうしたことから、この時のレイヴ・ブームを指して第二次ヒッピー・ムーヴメントという意味で「Second Summer of Love」などとも呼ばれる。ただし、その内実はヒッピーとはまるで違っていた。ヒッピーのように政治的主張を前面に押し出すことはあまりなかったし、基本的には労働者階級の若者を中心とするシーンだった。ロックもクラブミュージックもごった煮で、とにかく多幸感に酔いしれる快楽主義的なシーンだったから、第一章で論じたモッズの正統な後継者であるといえる。加えて、ポール・オーケンフォールドが挙げたニューヨーク、シカゴ、デトロイトといった地名はかつてのモッズがダンスホールで酔いしれたノーザンソウルと同じ産地だ。その意味でも、1980年代終わりから1990年代初頭までのこの時期は、イギリスの労働者階級による文化がBGMを変えて再び花開いた時代であるとも言えよう。

マッドチェスター

こうしたクラブカルチャーの中心地の一つがマンチェスターのクラブ、ハシエンダだった。ハシエンダはマッドチェスター・ムーヴメントの中心となるインディー・レーベル、ファクトリー・レコー

2　Shulman, Alon, *The Second Summer of Love* (London: John Blake Publishing, 2019), p.17.

ズとNew orderのメンバーが共同出資して1982年に営業を開始したクラブである。ここを中心に前述の二つの流れが合流し、1980年代後半までにマッドチェスターとして結実していく。

その中心にいたのはNew order、Happy Mondays、The Stone Rosesなど錚々《そうそう》たるバンドたちである。New orderはイアン・カーティスの自殺により、ボーカルを失ったJoy Divisionのメンバーが新たに結成したバンドであり、パンクの遺伝子を直接的に受け継ぎながらもテクノポップへと大きく路線を変更し、シーンの牽引役となっていく。

Happy Mondaysはロックとダンス・ミュージックの融合を最もうまく成し遂げたバンドの一つだと言えるだろう。彼らのスタンスを最もよく象徴するのは、楽器を弾かないメンバーのベズだ。ライブでの彼はマラカスを持って舞台中央で奇妙なダンスを踊りつづけるのだが、決して演奏には加わらない。しかし、それゆえにこそ彼の存在はミュージシャンと観客の境目にあって、両者をつなぐような役割をしているように見える。ベズが体現しているように、彼らのスタンスは「俺たちを見ろ！」ではなく、「一緒に踊ろうぜ！」なのである。

そしてThe Stone Roses。様々な事情から短命に終わったが、彼らの音楽性はOasisやBlur、My Bloody Valentineなど90年代のブリットポップを背負って立つバンドたちに受け継がれている。正直に告白すれば、若い頃に初めてThe Stone Rosesを聴いたときには、彼らがなぜダンス・ミュージックとロックの融合を特徴とするマッドチェスターの代表的なバンドと言われるのか理解できなかった。明確にダンスビートを取り入れていることが分かる曲はほんの一部であり、これに比べればはるかにHappy Mondaysの方がマッドチェスターらしいと感じたからだ。しかし、後にこの「マンチェスターサウンド」とも言えるトリップ感のある音の雰囲気こそがマッドチェスターの本質だったのではないかと考えるようになった。

言葉で説明するのは難しいが、マッドチェスター以前からマンチェスターのバンドにはサイケな要素があったように思う。その本質はどことなくクスリ臭いというか浮遊感のあるサウンド処理にある。少しエコーをかけたような（ちょっと風呂場で歌っているような）独特の音なのだ。管見の限りでそうした雰囲気が感じられる最初期のアルバムは1979年に発表されたJoy Divisionの『Uknown Pleasures』だが、もっと早くからそうした音処理の「クセ」のようなものはあったのかもしれない。

面白いのはこうした音処理が決して一人のプロデューサーの傾向だったわけではないことだ。Joy Divisionの作品のプロデューサーはマーティン・ハネットという人物で、後にHappy MondaysやThe Drutti Columnといったマッドチェスターの中核をなすアーティストの作品も手掛けることになるから、シーンのメイン・プロデューサーの一人であることは間違いない。しかし例えば、違うレーベルで別のプロデューサーを起用していたThe Smithsの作品からもやはりよく似た音の雰囲気は感じられる。

当時ポストパンクに影響を与えつつあったダブの音処理とも似ているから、その流れと捉えることもできるが、音の感覚がやはり少し違う。あえて表現するなら、ダブは潜っていく感じなのに対して、マンチェスターの音はフワフワと浮き上がる感じなのだ。加えて、人脈的に見ても、当時、マッドチェスターの著名なバンドの作品にエイドリアン・シャーウッドなどのダブの有名プロデューサーが起用された作品があるわけでもない。

結局のところ、「マンチェスターサウンド」が形成されていった要因は、そこで活動していたミュージシャン、プロデューサー、レーベルなどが一体となって自然に形成された「地域性」という曖昧な言葉に落とし込むほかない。

しかし、こうした音楽シーンが「第二の都市」で花開いたことにはやはり必然性があったと私は考える。キーワードとなるのは「文明」と「文化」の相克である。

首都の「文明」と第二の都市の「文化」

「文明（Civilization）」という言葉について、ノルベルト・エリアスは次のように論じている。

> 要するにこの概念は、最近の二、三百年のヨーロッパ社会が、それ以前の社会、あるいは同時代の「もっと未開の」社会よりも進化して持っていると信じているものすべてをまとめている。この概念によってヨーロッパ社会は、その独自性を形成するもの、自分が誇りにしているもの、すなわちその技術の水準、その礼儀作法の種類、その学問上の認識もしくはその世界観の発展などを特徴づけようとする。(3)

このエリアスの知見を引きながら、歴史家の西川長夫は「文化」が文明の対立概念として分化・発展したことを指摘した。西川によれば、両者はともに西洋の「自己意識」の一側面でありながら、文明が普遍主義を強調するのに対して文化は個々の特殊性に重心がある。

こうした知見に沿って考えるならば、文明は人類全体の近代化を推し進めようとする発想と強く結びついた概念だ。そしてこの場合の近代化とは、人間を含む事物を分類し、秩序化し、均質化しようとする動きを指している。文化はこれに対する反動として形成され、抵抗する。人やそこにある文化を大体のところにあてはめて分類し、

3　ノルベルト・エリアス（2010）『文明化の過程（上）』、法政大学出版局、68-69頁。

秩序化し、個性を消そうとする動きへの抵抗である。

こうした「文明」と「文化」という概念の成立状況を見れば分かるように、文化は文明より後になって成立した。それゆえ、国民国家形成がやや遅れたドイツや日本といった第二次大戦の敗戦国になる国々で高い価値をおかれた。つまり文化とは近代化にやや乗り遅れた「負け組」の論理にほかならない。そして、本稿にとって重要なのはこの二つの概念を基礎とした葛藤が国家間だけでなく、一国の内にも生起しうるということである。

前述の西川は陸羯南の文化概念を説明する中で、次のように論じる。

> このような視線［文化の問題を強国に対する弱小国の立場から考える視点］が国内に向けられるときには、中央に対する地方、政府主導の近代化から落ちこぼれた階層の人びと、といった弱者の観点から国民のイメージを形成することにつながるだろう[4]。

中央に対する地方の代表格こそ、「第二の都市」にほかならない。そして「政府主導の近代化からこぼれ落ちた階層」がイギリスで言う「労働者階級」であるとすれば、第二の都市であるマンチェスターで生まれ、労働者階級を主な担い手とするマッドチェスター・ムーヴメントはこの概念とぴたりと重なる。加えてその内実から見ても、彼らの音楽作品の雑種性は当時において分類不可能であったろうし、ドラッグに酔い、本能のままにフロアで踊り狂うオーディエンスは、秩序化や均質化とは決して相いれない存在だったに違いない。すなわち、マッドチェスターとは、文明化・近代化に抵抗するきわめて「文化」的な現象だったと言えるだろう。

4　西川長夫（2001）『国境の越え方』、平凡社、256頁。

グレーター・マンチェスターと大大阪

こうした「第二の都市」の文化志向は他の国にも見られる。ここからは戦前の日本の事例を参照項にしながら、マッドチェスターのような「第二の都市」で生まれた文化が一国を代表するものになっていった理由を考えてみたい。

1974年、マンチェスターは改正された地方自治法（Local Government Act 1972）に基づいて周辺都市を含む都市圏、グレーター・マンチェスターを形成した。これによってマンチェスターは衰退から一転、「第二の都市」と目されるまでに成長していく。

これとよく似ているのが「東洋のマンチェスター」とも呼ばれたかつての大阪である。大阪もまた1925年の市域拡張によって一時は日本一の人口を誇る都市にまで発展した。当時の大阪は「大大阪」と呼ばれ、都市としての栄華をほしいままにしていた。

この時期に生まれた聴覚文化である東西のラジオの歩みを見れば、「第二の都市」がやはり「文化」志向であったことがよく分かる。一例を挙げれば、東京のラジオ放送第一声が「JOAK」というアルファベットのコールサインを連呼するものであったのに対して、大阪のラジオ第一声は神社の神主による祝詞であった。当時最も近代的で、文明化の象徴でもあったはずのラジオを用いて、大阪放送局は近所にある神社の神主の声を管内に送り出したのである。

こうした奇妙な和洋折衷は文化史の中で枚挙にいとまがない。例えば井上章一は『霊柩車の誕生』で、アメ車のリンカーンの上に寺社を模した「建造物」を据える「霊柩車」の珍妙さを指摘しているが、これを「発明」したのもまた大阪の葬儀屋であった。(5)

これらの事例が示しているのは、大阪の前近代性や無知ではない。東京と大阪の違いはむしろ西洋文明に対する態度の違いと見るべき

5　井上章一（1984）『霊柩車の誕生』、朝日新聞社。

だ。周知のとおり、日本人にとっての近代化とは、西洋化とほとんど同義であった。そうした近代≒西洋に対して「模倣」の立場をとり、西洋文明の代弁者の役割を果たしたのが東京であったとすれば、大阪は日本文化の特殊性を強調するとともに、こうした西洋からの技術を日本文化の中に同化していこうとする動きを見せたと言える。当時の大阪は西洋文明に対して無知であったのではなく、西洋文明に対抗していたのだ。そしてそれは首都である東京への対抗意識と不即不離のものでもあった。海外への対抗意識と文明化の中心である首都へのそれが重なる場所。これこそ、「第二の都市」が「文明」ではなく、「文化」の中心となる必然性である。こうした状況にあっては、「第二の都市」は国際的な多様性の基礎となると同時に、国内的にも多様性を担保する。その限りにおいて、文化は一貫した役割を果たしているといえよう。

しかし、国家全体が他国に対する独自性を強調せねばならなくなったとき、この機能は分裂を余儀なくされる。戦前戦中の日本の文脈で言えば、西洋諸国との対立が深まっていくにつれ、西洋の模倣を旨とする東京の文明志向が退潮し、それにともなって大阪的な文化志向が全面化した。ここにおいて、文化は国内の均質性を推し進める原理へと反転する。先に触れたラジオで言えば、ラジオ体操や学校放送、国民歌謡といった、戦中のプロパガンダとも深く結びついた番組の多くは関西発の試みが中央に吸収され、全国化するというプロセスをたどった。こうした過程に見られるように、首都が自国の独自性を押し出すために文明志向を放棄したとき、「第二の都市」の育んだ文化は「国民文化」へと押し上げられ、結果的に国内的な多様性に資することをやめて、むしろ均質化の原理として作動する。かつての大大阪の事例に即して言えば、日本全体が大阪化したがゆえに、大阪の独自性は窒息していったといえよう。

時代も国も異なるが、マッドチェスターの流れがロンドンオリンピックの開会式に持ち込まれた際にも、やはりこうしたメカニズムが作動していた。もちろん、イギリスは西洋近代を代表する国家であり、西洋対日本という図式が成立した日本の事例を単純にあてはめるわけにはいかない。それでも、前述の論理から考えれば、他国に対して自国の独自性を押し出す必要のあるオリンピックという国際イベントにあたって、一時的であるにせよ、「第二の都市」で醸成された文化が前面に出てくるのはありうべき帰結だったといえよう。

だとすれば、かつての日本で普遍的な文明として措定されていた「西洋」にあたるものは現代のイギリスにおいて何か？　おそらく、それを体現しているものこそＥＵである。実際、英国文化に強い愛着を持つ人々はロンドンオリンピックの４年後、ＥＵの「普遍的な」価値観に反旗を翻し、ブレグジットに投票した。離脱への賛成票を多く投じたとされるのは労働者階級の中高年層である。そして彼らはとりもなおさず、マッドチェスターやその元となったパンクロックを青年時代に愛した人々であった。

著述家のブレイディみかこは、ときにレイシストとまで批判される「労働者階級のおっさんたち」の本質を正しく見抜いている論者の一人だろう。彼女はマンチェスター出身の国民的バンド、The Smiths のモリッシーのソロアルバム『Viva Hate』に関する考察の中で、次のように述べている。

> よく考えてみればダイヴァーシティ、すなわち多様性というのは、どんな文化や考え方があってもいいではないか、世の中とは均一ではなく、いろんな人々がいるからワンダフルなのだ、という理念だ。ならば英国に渡ってきた移民が英国人と同質化しようとする姿勢はどちらかといえばそのコンセプトには矛盾しているのであり、「西洋人にならなくてもいいじゃないか」

> と同曲［「Bengali in Platforms」。モリッシーはこの曲によって「レイシスト」と批判された］の中で歌っているモリッシーのスタンスこそが真の多様性推進派の声だろう[6]。

ＥＵ離脱派に同情的なモリッシーをこうした角度から擁護するブレイディの指摘は、前述した文明と文化の本質的な相違を見事に言い表している。近年、連呼される「ダイバーシティ」とは、むしろ均質化を促す文明の側の論理であって、文化的多様性を圧殺しようとする力にもなりうるのだ。

以上のように考えれば、ロンドンオリンピックは、かつての日本における戦争と、ある意味でよく似た効果を発揮したのではないかと思えてくる。国際的なメディアイベントであるオリンピックは「人類の普遍的な価値」を信奉するという建前はあるにせよ、実態として各国民の国家意識を際だたせるのは間違いない。あるいはかつて日本全体が「大阪化」したように、オリンピックの開会式では、ほんの束の間、英国は「マンチェスター化」したのかもしれない。

ただ、その後のＥＵ離脱をめぐる分断を見れば、階級社会であるがゆえに国民統合を苦手とするイギリスの特徴がよく表れている。前述した日本の事例との違いはこのあたりにあったのではないか。日本の場合は日本文化の強調が国内の均質化をもたらしたが、イギリスの場合は単一の文化を結集軸にするのが難しい。階級ごとに異なる文化にアイデンティティを感じているからだ。図式的に言えば、労働者階級が考える英国文化がモッズやマッドチェスターといったサブ・カルチャーであったのに対して、富裕層はシェイクスピアなどの、他国に押しつけるだけの「普遍的」な価値を持った「英国文明」とでも言える高級文化の方を自国のアイデンティティとして強く意識しているのかもしれない。だとすれば、ロンドンオリンピッ

6　ブレイディみかこ（2017）『いまモリッシーを聴くということ』、Pヴァイン、93頁。

クが両者を文化と文明という異なる方向へと強くひきつけてしまったとは考えられないだろうか。ＥＵ離脱投票とそれにまつわる分断の背後にロンドンオリンピックありというわけである。

Born To Lose

こうした文明と文化の綱引きはおそらく現在、多くの国で起こっており、両者ともに問題を抱えている。最後にこの点を整理した上で、現代への処方箋を考えてみたい。

先に引用した西川は同じ論考の中でアリエスの議論を次のように簡潔にまとめている。

> 「文化」は特性、したがって個人や集団の独自性や国民性のちがいを強調するのに対して、「文明」は普遍性を強調し、民族や国民性の相違にかんする主張をある程度まで後退させる。――したがって「文化」概念は文化的相対主義と同時に人種差別への道を準備し、「文明」はヒューマニズムと同時に植民地主義の口実を用意している[(7)]

たしかに、自国や自民族の独自性を重視する議論は人種差別と相性がいい。独自性を優越性と読み替えるだけで文化はレイシズムと簡単に結びついてしまうからだ。実際、欧州諸国では、人種差別的な右派の台頭が著しい。その一方、ヒューマニズムを大義名分とした戦争も散発的に起こり続けているし、見ようによっては現代のグローバリズムも、武力ではなく、経済力を手段とした植民地主義と見えなくもない。

これら文化と文明の負の側面に共通して見られるのは自己の優越

7　西川長夫、前掲書、189-190頁。

性を主張したいという人間の欲望である。ただ一点違うのは、「文明派」が自分たちの優越を最初から信じて疑わないのに対して、「文化派」は自分たちの旗色が悪いことを本当は最初から知っているということだ。先に述べたように、彼らの結集軸は「危機に瀕した」自文化を守ることによって成立しているからである。

この一点において、私は文明志向よりも文化志向に可能性を感じる。自文化が失われることに危機感や哀惜の念を抱き、それを大切に思う人間は他者の文化を大切に思うまであと一歩だからだ。一方、これまでもこれからも、「文明」の名のもとに「普遍的な価値観」とやらを他者に押しつける人々が万人の賛同を得ることは難しいだろう。この方向性に無理があることは、構造主義の思想家たちによってとっくに明らかにされているはずである。ここでは1962年に人類学者のレヴィ＝ストロースが著した『野生の思考』の一節を引用すれば十分だろう。

> 現在の地球上に共存する社会、また人類の出現以来いままで地球上につぎつぎ存在した社会は何万、何十万という数にのぼるが、それらの社会はそれぞれ、自らの目には、——われわれ西欧の社会と同じく——誇りとする倫理的確信をもち、それにもとづいて（中略）自らの社会の中に、人間の生のもちうる意味と尊厳がすべて凝縮されていると宣明しているのである。それらの社会にせよわれわれの社会にせよ、歴史的地理的に様々な数多の存在様式のどれかただ一つだけに人間のすべてがひそんでいるのだと信ずるには、よほどの自己中心主義と素朴単純さが必要である。(8)

8　クロード・レヴィ＝ストロース（1962=1976）『野生の思考』（大橋保夫訳）、みすず書房、299頁。

おそらく、現代のリベラルが陥っているとされる陥穽の正体もこれである。自分たちが「普遍的価値」と呼んでいるものが、いかに自己中心的な世界観に基づいているかをもっと意識すべきなのだ。

自文化を愛する人々は自己の優越性を主張することをやめ、勝ち負けの二分法で物事を解釈することをやめるだけで、多くの人々の結集軸となりうる可能性を秘めている。「Born to lose（負けるために生まれてきた）」はパンクのアンセムだが、この曲はこうした勝ち負けのゲームから降りるという意思の表明であり、現代への処方箋として受けとめることも可能だ。そして前述したようにパンクの遺伝子は間違いなくマッドチェスターに引き継がれ、近代文明へのアンチテーゼを示して見せた。当時のミュージシャンやオーディエンスがそうしたことを意識していなかったにせよ、彼らの「負け組」としての開き直りが、「第二の都市」大阪で生まれ育った私には今も眩しく見えるのである。

NEW ORDER

↓

↓

Electronic

『Electronic』

時代を活写するサイドプロジェクト

著名なバンドマンが参加するサイドプロジェクトは、そこそこ売れて「それなり」の評価に落ち着くことが多い。あくまでサイドプロジェクトなのだから当然ともいえるのだが、個人的にはお気に入りの作品が多い。サイドプロジェクトだからこその気楽さがあったり、豪華メンバーだからこその個性の衝突が見られたりするし、何より複数のバンドメンバーが寄り集まることで時代の音楽を一望できる感がある。

本作もまた、マッドチェスターの時代を一望できる作品だ。New Order のボーカル、バーナード・サムナーと The Smith のギタリスト、ジョニー・マーを中心に Pet Shop Boys や Art of Noise のメンバーなどが結集しているから、ダンスロックの名作としても聴けるし、テクノポップの名盤としても十分通用する。

ロックとダンスミュージックが合流するこの流れが日本ではそれほど一般化しなかった。個人的にその功罪は小室哲哉にあるのではないかと思う。小室の楽曲は New Order を連想させるものが多い。彼が J-pop の流れの１つを作ったとされることも多いから、こうした系統は「J-pop」とみなされ、バンドマンから敬遠されたのではないか。

とはいえ、かつて小室が一世を風靡したことからも分かる通り、基本的に日本人はこういうメロディアスな電子音が大好きなのだと思う。くわえて、今聴いてもそれほど抵抗がないのは、バーナード・サムナーのボーカルによるところも大きい。サムナーはさほど歌が上手い方ではないが、Joy Division（New Order の前身）のボーカル、イアン・カーティスの影響か、どこか憂鬱そうに歌う。もっと平たく言えば、あまりボーカルを頑張らないのだ。New Order にも言えることだが、そんな彼のボーカルがキラキラした電子音と相まって絶妙の陰影を生み出している。

現在では90年代の小室ブームから時間が経ち、別系統（ブルックリン系？）からダンスミュージックとロックの融合が果たされつつある（サカナクションなど）。ただ、やはり浮遊感のある音とそれに反して硬すぎるリズムマシーンのビートがおりなす独特の雰囲気は80年代後半から90年代初頭にかけてのイギリスでしか味わえない。サンプラーやリズムマシーンの進化した現在からみれば「ちゃち」に聴こえるかもしれないが、この「ちゃち」さこそが時代の音であり、彼らのD. I. Y精神の表れなのである。

↓
↓

THE FARM, THE CHARLATANS, PET SHOP BOYS, THE SMITH, ART OF NOISE

THE STONE ROSES

Primal Scream
『Sonic Flower Groove』（1987）

リズムで酔わせるか、
メロディで酔わせるか？

本編でも少し述べたが、マッドチェスター・ムーヴメントは後の時代に続くシューゲイザーやそれを含めたブリットポップの培養基となった。

音楽フォーマットから見れば、このムーヴメントの特徴はダンスとロックの融合に見える。だが、その本質は多幸感ドラッグの流通を背景にした酩酊感にあるように思う。実際のところ、ダンスビートとブリットポップ的な美メロの両方が同じ濃度で配合されているバンドはさほど多くないからだ。例えば、Happy Mondays などは前者の傾向が強いし、The Stone Roses は後者の特徴を色濃く持っている。要は酔わせることが重要なのであって、リズムで酔わせるか、メロディで酔わせるかはアーティスト次第だったとみるべきだろう。

そんな中でこれら二つの性質が見事に溶け合っている数少ないバンドの１つが Primal Scream である。彼らはグラスゴー出身であることもあって、このくくりに入れるのはややためらわれるのだが、間違いなくマッドチェスターらしいバンドだ。

Primal Scream のアルバムの中で最も評価が高いのは1991年発表のサードアルバム『Screamadelica』だろう。それ以後、彼らはロックンロールにヒップホップ的なビートを融合させてみたり、ダブにのめりこんでみたりと変化を続けながら数々の名盤を生み出してきた。それゆえに、正統派のブリットポップの元祖というよりは、ダンスビート派とみなされることが多い。本作はそんな彼らの音楽的な出発点がやはり「美メロ」にあったことを実感させてくれる傑作ファーストアルバムである。

ボーカルのボビー・ギレスピーは、この作品の少し前までシューゲイザーバンド、Jesus &Mary Chain のドラマーだったこともあってか、本作ではシューゲイザーっぽい歌い方で浮遊感のあるメロディをつむいでいる。そして何よりこのアルバムのキーになっているのは、惜しくも本作限りでバンドを離れることになるジム・ビーティのギターである。12弦ギターのキラキラしたサウンドがボビーのボーカルと相まって、心地よい音空間を創りだしているのだ。

ボビー・ギレスピーがいつもドラッギーな顔をしているのは伊達ではない。メロディであれ、ビートであれ、常に彼らはその時々で自分たちが気持ちよく酩酊できる音楽を目指してきた。その基礎には、本作で極めたメロディやギターを主体にしたウワモノのトリップ感があるのではないだろうか。

↓

↓

RIDE, MY BLOODY VALENTINE, SLOWDIVE, THE LA' S, BOO RADLEYS

第6章

日本のヒップホップとお笑いは似ているか?

PUNPEEの衝撃

2021年にテレビ東京系で放映されたオッドタクシーというアニメがある。知人にすすめられて見たのだが、テーマソングのイントロを聴いた瞬間に「ああこれはアタリだ」と確信した。音楽が良いと感じれば大抵、作品の中身も自分に合っていることが多いからだ。ヒップホップ系のトラックメイカーが作ったんだろうなと思い、目を凝らしてみるとそこにはPUNPEEの名前があり、「なるほどな」と思ったのだった。

ヒップホップ好きには、いや、特にヒップホップ好きでなくても今やPUNPEEの名前を知る人は多いだろう。ラッパーにしてトラックメイカー、そして他のヒップホップグループのプロデューサーまで手掛ける才能の塊のような人物である。

ただ、PUNPEEについては以前から気にかかる部分があった。2017年に発売された『MODERN TIMES』を聴いた時からだ。かなり売れたらしいので知っている人も多いだろうが、このアルバムは2057年の自分が40年前を回想するシーンからはじまる完全なコンセプトアルバムである。おそらくこれから数十年後には傑作として挙げられるであろう名盤なのは間違いないのだが、これが一般にウケたこと自体は意外だった。ヒップホップはアルバムではなく曲単位で聴かれるというイメージがあったし、それ以上に「この系統」が日本でヒップホップの覇権を握りつつあることが一つの驚きだったのである。

「この系統」の中身については、私自身の体験も含めて説明が必要だろう。私がヒップホップを聴くきっかけを作ってくれたのは、長谷川町蔵と大和田俊之の対談本『文化系男子のためのヒップホップ入門』だ。もともとブルースやパンクを聴くロック少年だった私に、最初にヒップホップの大まかな「地図」を与えてくれた。この本で最も興味深かった箇所はロック好きでも聴けるヒップホップとしてPublic EnemyやDe La Soul、A Tribe Called Questなどが挙げられていたことだ。当時まだヒップホップを聴き始めたばかりだった私は図星を突かれた気がした。まさに自分が好きなグループが列挙されていたからである。しかも返す刀で、この系統はヒップホップにおいて「異端」であると言う。ヒップホップにおいて重要なのはオリジナリティではなく、コミュニティからの支持であり、それゆえにオタク的に面白がってサンプリングしているに過ぎない彼らは人気が長続きしなかったと断じているのである[(1)]。

私の認識ではPUNPEEが属する「この系統」とは、まさにここで「異端」とされている系統のことである(あとでより詳しく論じるが、イメージしやすいように言うと、「ヤンキー系」ではなく、「インテリ系」のヒップホップのことだ)。もちろん、この本はアメリカのヒップホップシーンを中心に論じたものだから、日本と符合しないのは当然である。しかし、だとすればヒップホップに対する日本なりの評価軸が別にあるということになる。

一方、こうした日米のズレを考慮した場合、別の問題が浮上する。それは、「ヒップホップとお笑いが似ている」という論点についてだ。近年、この主張をたびたび耳にするようになったが、おそらく前述の書籍はヒップホップとお笑いの類似性を指摘した最初期の著作でもある。同書はアメリカ的なヒップホップの楽しみ方を紹介することに徹しているが、そこで引き合いに出されているのが日本のお笑いなのである。指摘されている類似点は大きく三つに集約できる。第一はコンペティション性で、実際、お笑いにはM-1に代表されるコンテスト番組があり、ヒップホップにもフリースタイルのコンペが複数存在する。第二が地元志向・集団志向と言われるもので、

1　長谷川町蔵・大和田俊之『文化系のためのヒップホップ入門』、アルテスパブリッシング、2011年。

お笑いで言えば松本軍団、たけし軍団のような集団が存在し、ヒップホップにも「クルー（同じアーティスト集団の仲間）」や「レペゼン（represent の略。ある地域を代表しているというような意味）」といった要素がある。第三はお笑いで言うと冠番組とひな壇のような構造であり、これはヒップホップの客演を入れまくる作品創りと相似的だ[2]。

これらの点は想像もしやすいし、非常に説得的だ。一般に主張されている説も、こうした点を全て意識しているわけではないにせよ、その多くはアメリカのヒップホップと日本のお笑いの類似性を指摘している。では、日本のヒップホップと日本のお笑いの関係はどうなるのだろうか？　もちろん、アメリカで見られるようなヒップホップの要素は日本でも見られるが、前述のように、少なくともマジョリティはアメリカのような尺度で判断していないように見える。PUNPEE の人気が一過性のものでないことはその証左である。つまり、アメリカのヒップホップと日本のお笑いの間にルールや評価軸の類似性という線を引くことはできても、日本国内に限定されたヒップホップとお笑いの間を同じ線で結ぶことは難しいのだ。

しかし、結論を先取りすれば、日本のヒップホップはアメリカのそれとは別の点で日本のお笑いと共通する要素が確かにある。以下では、この点について言語化し、解釈することで、日本の大衆文化の特徴について考察してみたい。

ヒップホップの三極構造

まずは先行研究を参考に簡単に日本のヒップホップの歴史をたどっておこう。先に「ヤンキー系」と「インテリ系」と言ったが、これらの対立は日本のヒップホップの黎明《れいめい》期《き》から存在した。日本の

2　前掲書。

ヒップホップの歴史について社会学的観点を交えて整理した論文で安田昌弘は1980年代前半の状況について次のように解説する。

> 前者［インテリ系・ニューウェーブからの流れ］は最先端の西洋を纏い演じることで卓越化を図ろうとし、後者［ヤンキー系・ホコ天のダンサーからの流れ］は与えられた環境を自分たちの卓越化に都合のいいように流用しようとした。前者が頭脳的なアプローチ（ラップの日本語化）をしたのに対し、後者は身体的なアプローチ（ブレイクダンス）をした。このように本来であれば出会うことのないふたつの相対する「ハビトゥス」(Bourdieu 2000)が、ヒップホップというひとつのラベルで括られたわけである。(3)

この後半の指摘は特に重要である。ハビトゥスとは、社会階層ごとに形成される嗜好や習慣の傾向を指している。つまり、日本のヒップホップ文化は最初期からインテリとヤンキーという二つの全く出会うはずのなかった階層の若者たちによって形成されており、後者にいたってはまだラップさえしない時期があったということだ。

その後、「インテリ系」への対抗意識から「ヤンキー系」も音楽に進出し、両者はコンテストなどでしのぎを削ることになる。90年頃には前者の流れからスチャダラパー、後者からB-Freshなどが登場している。

さらに90年代半ばになると「DA.YO.NE」で有名なEAST END × YURIに代表される業界的な思惑を背景にして戦略的に売り出されるグループが現れる。彼らは「セルアウト勢（要するに「売れ線狙い」ということ）」と揶揄されることになるが、これによってヒップホップの三極構造が完成する。

3　安田昌弘「東京のストリート・ジェネレーション」『私たちは洋楽とどう向き合ってきたか』（南田勝也編著）、花伝社、2019年、178頁。

安田は今後の検証が必要であるとしながらも、この構造が社会学者・南田勝也の提唱した「ロックの三極構造」と重なる可能性について示唆している。南田の三極構造とは、簡単に言うと何が「ホンモノ」のロックかをめぐる価値観のせめぎあいを図式化したもので、その尺度は「アート指標」、「アウトサイド指標」、「エンターテイメント指標」という言葉で表現されている[4]。ただ、本章では南田自身がほぼそれに近い図式を別の言葉で表した、より発展的な論考を書いているので、そちらを紹介して考察に用いたい。

「生産の空間」の回転方向

南田はロックだけではなく、より広い文脈で具体的なポピュラー音楽を捉える際に、前述の三極構造の元になったであろうピエール・ブルデューの「生産の空間」の議論を用いている。図 6-1 は 1970 年代初頭の日本のポピュラー音楽界を図式化したものだ[5]。

商業芸術は一般大衆のニーズに合わせた娯楽作品であり、それに対して写実派芸術は実社会をリアルに捉えた芸術で、時には社会のためにという目的のもとに作られる場合もある。そして純粋芸術はその両方と絶縁し、ただ芸術のための芸術を標榜するような作品を指す。

ジャンルの規模感こそ違えど、この図式は安田の言うヒップホップの三極構造にそのまま応用しても明らかに違和感がない。商業芸術の位置にはその名の通り「セルアウト勢」が入り、「リアル」な「ストリート育ち」であることを強調する「ヤンキー系」は写実派芸術の位置に置くことができる。そしてその両者とは異なる位置として

4　南田勝也『ロックミュージックの社会学』青弓社、2001年。

5　南田勝也「日本のロック黎明期における『作品の空間』と『生産の空間』」『私たちは洋楽とどう向き合ってきたか』（南田勝也編著）、花伝社、2019年、112頁。

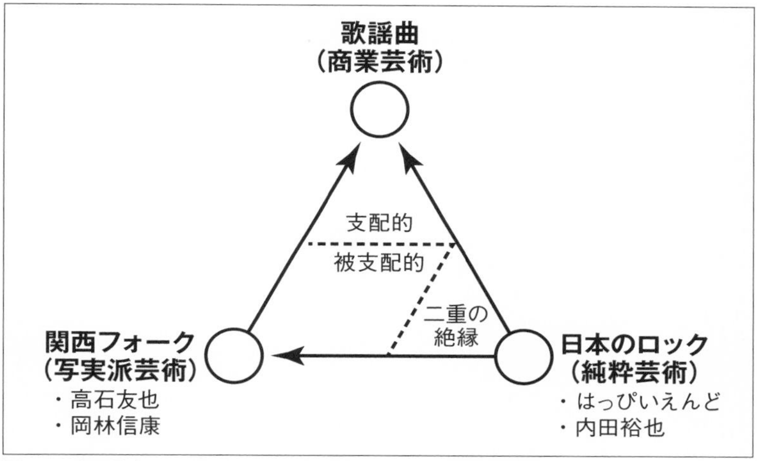

図 6-1　南田勝也による 1970 年代初頭における日本の音楽界の図式

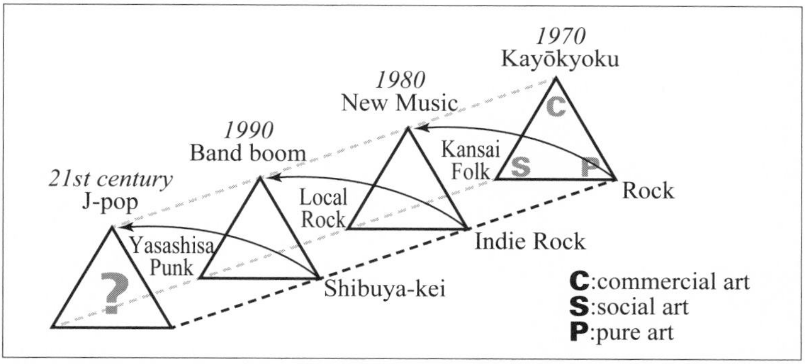

図 6-2　時間経過による音楽の位置づけの変化（南田試論）。出典は 148 頁の注 6 を参照

作品性をひたすら追求する「インテリ系」は純粋芸術とみなすことができるだろう。

さらに南田の議論が面白いのは、この図式を回転させることで時間経過を導入しようと試みていることだ。これについて、本人もまだ「試論」であると断っているが、重要なのでその議論を紹介しておきたい。図 6-2 を見てほしい。これは元々英語論文だったのでアルファベット表記になっているが、大体十年スパンでこの生産の空間が左に「転がって」いくという議論である。ある時代に商業芸術だったものが次の時代には写実派芸術になり、写実派芸術だったものが純粋芸術へと変容していく。そしてこれが本稿にとって最も重要なことだが、純粋芸術が次の時代には商業ベースにのってヒットし、支配的になる。南田はこのサイクルが繰り返されてきた可能性に言及しているのだ。[6]

日米のヒップホップを比較して眺めたときに個人的に面白いと思うのはこの回転方向である。日本のヒップホップ界はたしかに左方向に回転しているように見える。「純粋芸術」に位置づけられていた「インテリ系」の流れをくむヒップホップが覇権を握り、「ヤンキー系」の音が洗練されつつあるのは間違いない（「セルアウト勢」については実態があいまいで明確には断言できないが）。

一方、アメリカではこの回転方向が逆になっているように見える。冒頭で紹介した長谷川・大和田の議論に沿って言えば、コミュニティに受け入れられる「リアルな」ヒップホップ、つまり写実派が次の商業的成功をおさめ、純粋芸術に位置づけられる「異端」のヒップホップはよりコミュニティのルールに従った方向へシフトしたものだけが存続できる（A Tribe Called Questなどがその例としてあげられている）。

この日本とアメリカの「回転方向」の違いは、日米の違いとして俗に言われる次のような言葉をうまく説明してくれる。「アメリカにはムーブメントはあるがトレンドはない。日本にはトレンドはあるがムーブメントはない。」これは草の根から盛り上がりが生まれてくるアメリカと比較して、上からブームがしかけられる日本を揶

6　南田勝也、前掲論文、119頁。ただし、もとの論文は入手できなかったため、本人の論文の孫引きであることはことわっておく。元の論文の書誌情報は以下の通り。

Minamida, Katsuya, 2014, “The Development of Japanese Rock: A Bourdieuan Analysis” , Toru Mitsui(ed), Made in Japan: Studies in Popular Music, Routledge, 120-138.

揄する際に使われる。その良し悪しについてはひとまずおくとしても、日本においては業界内で評価されやすい純粋芸術が次の時代の商業的トレンドになるという現象が起こりやすいのではないだろうか。

これはあくまで南田の試論の上に私自身の試論を重ねたものなので今後も検証が必要なのだが、ともかくも純粋芸術的な方向性が一呼吸おいて商業ベースに乗るというプロセスがヒップホップ、そしてお笑いにも共通する日本的文化変容のパターンなのではないか、というのが私の仮説である。

また、もしそうだとすると、日本では大衆文化の「ハードル」が上がりがちだということになるかもしれない。センスエリートを担い手とすることの多い「純粋芸術」が大衆性を持つ際に、「これがわからないやつはセンスがない」という正統性を主張することになるからだ。これらの仮説を持って、今度はお笑いを見てみよう。

松本人志の「大日本人」

少しだけ私自身の体験談を語ることをお許し願いたい。

2007年に公開された松本人志監督の『大日本人』という映画がある。それなりに話題作だったし、ダウンタウンを見て育った私も例にもれず、この映画を見に行った。が、一般的な評価はともかく、当時の私は全く面白いと感じなかった。

それから数日後のことである。何人かの友人と商店街をほっつき歩きながら会話をしていて、その中の一人がふと大日本人を見たか、と誰に言うともなく尋ねた。「見た」と答えた私はすかさず、「どうやった？」と感想を尋ねた。するとその友人は芝居がかった調子でほんの少し顔をしかめ、腕を目線あたりまで水平に上げて見せながら一言、「高すぎる」と答えたのだった。

彼が言うには、「笑いのレベルが高すぎて一般人には分からないだろう」とのことである。「お前は一般人ちゃうんか？」という言葉は飲み込んだが、いわゆる「ウザいフォロワー」の典型例として今でもあの光景は頭にこびりついている。

要するに彼にとっても『大日本人』は面白くなかったのである。ただ、それを面白くないと言ってしまうと「お笑い」に対するリテラシーが低いと見なされてしまう。であれば、むしろ「一般人にはわかりにくいかもね」と言ってしまったほうが自分の自尊心を満足させる資源として使えるので得だと無意識に考えたのである。こんな見方はひねくれ過ぎだろうか。こうした見立てが的を射ているはどうかはともかく、私が「象徴的暴力」という社会学用語を知ったのはこのすぐ後のことである。

そろそろ読者は気付いたと思うが、松本の笑いは非常に純粋芸術的である。他者からの評価や日常的な「リアルさ」からはまさに二重に絶縁しており、自分自身の笑いのために笑いを追求しているのである。そしてこの方向性が現在支配的になっていること自体が日本におけるヒップホップとお笑いの類似性なのではないか。

余談だが、ダウンタウンがMCをつとめる番組『水曜日のダウンタウン』のオープニング曲をPUNPEEが提供している。かつてダウンタウンがやっていたgeisha girlsをサンプリングした「水星」はあまりにも有名だがそれ以外にも、特番時などで折に触れてダウンタウンにちなんだ楽曲のサンプリングが見られる。感覚的に言うと両者はなんとなくフォロワー層が似ているのかもしれないが、これについて確たることは言えない。

ひとまずここでは、かつての松本人志が「純粋芸術」的な傾向を強く持っていたことを確認しておきたい。

M-1 グランプリの評価軸

ここからはM-1 グランプリ 2018 の採点結果を見ることで、前述の仮説のようなものが「お笑い」に当てはまるかどうかを見ていきたい。2018 年といえば、上沼恵美子の採点に対してとろサーモンの久保田などが批判的な発言をした年だ。これ以後、上沼は採点にメリハリがなくなるから、審査員間の尺度の違いが最も分かりやすいこの年を見てみることにする。

まずは表 6-1 を見てほしい。これはM-1 決勝一回戦の採点結果を順位にしたがって示したものだ。一番下の行に「分散」と書いてあるのは、審査員ごとの点数の散らばり具合を示す数値で、これが大きいほど、その審査員はメリハリのある点数をつけたことを示している。散らばりの大小を比較してみると特に分散が大きいのは上沼、立川、松本、塙であることが分かる。

ではこの 4 人の評価の中身はどうだったのだろうか？　表 6-2 は芸人の順位の並びをそのままに、審査員ごとの順位を示したものだ。まず一目で分かるのは松本と塙が各芸人につけた序列がほとんど一致しており、かつ他の審査員も加えた芸人の全体順位とも一致率が高いことである。つまり、彼らは現在のお笑いにおける支配的な価値観を代表する位置にいると言えよう。

逆に全体の順位と最も大きな開きがあるのは上沼である。ただ、上沼を擁護するわけではないが、彼女の価値基準はある程度一貫していた。ネタの質を見るとよく分かるが、上沼は伝統的な「しゃべくり漫才」に高い点をつける傾向がある。逆に、全体 3 位のジャルジャルなどは、突然二人でルールを設定したゲームを始めるなど、やや前衛的な趣が強いため、極端に低い点数になっている。その意味で、上沼は「しゃべくり漫才派」という一つの極を代表していると言えるだろう。

	オール巨人	中川家礼二	塙宣之	立川志らく	富澤たけし	松本人志	上沼恵美子
霜降り明星	93	96	98	93	91	94	97
和牛	92	94	94	93	92	93	98
ジャルジャル	93	93	93	99	90	92	88
ミキ	90	93	90	89	90	88	98
かまいたち	89	92	92	88	91	90	94
トム・ブラウン	87	90	93	97	89	91	86
スーパーマラドーナ	87	90	89	88	89	85	89
ギャロップ	87	90	89	86	87	86	89
見取り図	88	91	85	85	86	83	88
ゆにばーす	84	91	82	87	86	80	84
分散	**8**	**3.6**	**19.05**	**20.45**	**4.09**	**19.16**	**24.29**

表 6-1　M-1 2018 における審査員ごとの得点と分散

	塙宣之	立川志らく	松本人志	上沼恵美子
霜降り明星	1	3	1	3
和牛	2	3	2	1
ジャルジャル	3	1	3	7
ミキ	6	5	6	1
かまいたち	5	6	5	4
トム・ブラウン	3	2	4	9
スーパーマラドーナ	7	6	8	5
ギャロップ	7	9	7	5
見取り図	9	10	9	7
ゆにばーす	10	8	10	10

表 6-2　分散の大きい審査員による採点の順位

立川志らくは一見、松本らと似ているように見えるが、より極端に前衛的な作品を評価する傾向があるようだ。上沼が全体順位に比して極端に低い点数をつけた芸人を逆に極端に高く評価していることが見てとれる。たとえばジャルジャルの1位やトム・ブラウンの2位が典型的だろう。これは立川が上沼と正反対の極に立っていることを示している。

こうして見ると、世の中で色々と批判されるが、上沼と立川を抱き合わせで審査員にしたのは絶妙のキャスティングであったと言える。二人ともそれなりにメリハリのある点数をつけ、その方向性が真逆なため、相殺しあう。多様な価値観を点数に加味していると視聴者に思わせつつ、お笑い界で主流の価値観から大きく外れない結果に落ち着くというわけだ。

さて、こうした結果を先ほどの三極構造に入れ込むことができるだろうか。無理矢理はめ込むことはせずになるべく素直に考察してみよう。

まず松本人志を前述のようにかつての純粋芸術と位置づければ、それが支配的になり、商業芸術として一つの極を形成していると言える。

それを基準に考えれば、上沼はかつてお笑い会で主流を占めていた「しゃべくり漫才」の王道を代表しているから、それが左に転がったとすれば、商業芸術から写実派芸術の位置に来たことになるが、今現在、それが「リアル」な現実を写した芸術であるとは言い切れない（色々趣向をこらせば強弁することはできるかもしれないが、ここではそれはしない）。

同じ流れで考えると、立川の基準は純粋芸術の位置に来るはずで、イメージとして落語は近い気もするが、単純にハードルが上がりまくった伝統芸能が現代の漫才を自分達と同じ立場へと手招きしているだけのようにも見えないではない。

日本のヒップホップから見えるもの

以上のような考察から、三極構造自体は見出すことができるものの、お笑いは音楽と同じ視点では切れないのかもしれない。ただ、メタ的に見れば、私が今やって見せたような楽しみ方ができること自体はやはりアメリカのヒップホップとお笑いで共通している。ゲームの形式において似ているという長谷川・大和田の指摘はやはり正しい。一方、日本のヒップホップとお笑いに見出せる共通点は、ある時代に純粋芸術に属するものが次の時代で支配的になるということだろう。

これらをまとめて言えば、日本のお笑いは形式（コンペティション性やシーンにおける評価基準の重要性などのゲームのルール）においてアメリカのヒップホップに類似しており、内容（純粋芸術的な内容が次世代に商業的覇権を握ること）において日本のヒップホップに類似していると言えそうだ。

本章のはじめの問いに答えるならば、一般に流布している「ヒップホップとお笑いが似ている」という説は、この両者が混同されて成立しているのではないだろうか。つまり、日本のヒップホップで主流になりつつあるコンテンツとお笑いで主流になりつつあるコンテンツが質的にも人脈的にも似ているため、うっすらと類似性があるように感じられる。その一方で日本のリスナーの多くはアメリカ的なヒップホップの楽しみ方はしないから、日本のヒップホップはゲームとしては成立しにくい。あくまで既存の音楽と同じ消費のされ方をしているのである。

そう考えると、日本のヒップホップがアメリカのヒップホップと違うように見えるのは、作品性ではなく、リスナー側の違いが原因であるようにも見えてくる。ただ前述のように、こうした方向性が日本における文化変容の特性だとすれば、これはこれでアリだという気がする。ある程度リテラシーを要求する純粋芸術的なものが次世代で流行するとすれば、日本独自の洗練を加えたヒップホップがアメリカのそれとは「別腹」のようにして生まれてくるかもしれないなどと思うのだが、どうだろうか。

DE LA SOUL

↓

↓

スチャダラパー

『Wild Fancy Alliance』（1993）

「ヒマの過ごし方」の達人

近年、ミュージシャンにせよ、お笑い芸人にせよ、「プロ意識」をほめたたえるような報道をよくみかける。第一線で活躍し続けるために、自分にもスタッフにも厳しく接する真面目な姿勢を世間は評価する傾向にあるらしい。

しかし、「プロ意識」を持たない、あるいは少なくともそこに価値をおいていないアーティストもいる。スチャダラパーや電気グルーヴはその筆頭である。本当は狙ってヒットを飛ばす能力があるにも関わらず、いや、あるからこそ、一発あててそのあとは自分たちの好きなようにやってやる。そんなどこまでも我儘な姿勢がこの種のアーティストの創造性を支えているのではないか。

言うまでもなく、スチャダラパーが「一発あてた」のは、小沢健二と組んでリリースした「今夜はブギーバック」だが、本作はその前年に発表されたアルバムである。ブレイク前であるにも関わらず、この作品には前述のような我儘さがみなぎっている。というか、自分たちが「趣味人」であることのマニフェストに近い内容なのだ。
プロローグに続く冒頭の「ヒマの過ごし方」からして「ヒマ人礼賛」のような楽曲である。世の中の人が忙しく働いているのを尻目に、「ぱっと見、生産的なもの以外は無用だとでも言うのか？」と疑問を呈し、返す刀で現代人がヒマを受け入れることができなくなったのは「能力の減退」であるとまで言い切ってしまう。のらりくらりしているようで、世相に対して思いっきり噛みついているのである。たしかに、これはもっともなことで、他人に定められたことをこなすために忙しく働く人間だけが何かを生み出すわけではない。むしろ時代を変えるようなものは「発想自体ヒマのたまもの」であることが多いのだ。
こうした考え方は、ある意味でバブルの残り香が漂う90年代前半だからこそ登場したといえるかもしれない。しかし、逆にあのままバブルが続いていたとして、日本人の多くがこんな発想を持ちえただろうか。金を稼いでも稼いでも満足できず、ヒマを恐れ、ひたすら働き続けていたのではないだろうか。
長期不況によってジリ貧に陥っている現代の日本では「労働生産性」や「イノベーション」といった言葉が躍り、自己啓発が流行している。しかし、本当に新しいものを生み出すのは余裕とムダなのだ。発表から30年を経た現在においてもなお、本作のメッセージは意味を持ち続けているのである。

↓
↓
電気グルーヴ，四街道ネイチャー（FORCE OF NATURE），キミドリ

PUNPEE
↓
↓

A Tribe Called Quest
『The Low End Theory』（1991）

音の質感で聴くヒップホップ

個々の音楽にはそれぞれ、適切な楽しみ方があるように思う。ポップなメロディを聴かせることに特化した音楽やコードワークの美しさに酔いしれるように構築された音楽、楽器の技巧を聴かせるための音楽など、いずれもそれぞれの楽しみ方を理解した瞬間に聴ける音楽の幅は大きく広がる。それまではガラクタに見えたレコードやCDが突然、宝の山に変わるのだ。

なかでも私がかつて味わった最も大きなブレイクスルーは「音の質感で聴く」という楽しみ方を知ったことだった。当時はダブを聴き始めた時期で、もっと深い音はないかと探し回っているうちに、楽曲の中身ではなく、いつのまにか音の質感自体を聴くようになっていたのである。

そんな当時の私に刺さりまくったのが本作だ。このアルバムの真骨頂は何よりもバックトラックの「深さ」と「シンプルさ」にある。超一流のジャズベーシスト、ロン・カーターの弾くベースにビートを重ねただけの武骨なトラックも多いのだが、それだけに鳥肌が立つほどカッコイイ。まさに音の質感自体を味わうためにあるような作品なのだ。

くわえて、メインのラッパーであるQ-Tipはラップのオールラウンダーとも言える才能にあふれている。彼の声はヒップホップのラッパーの中でも特に楽器的な感じがする。それだけにシンプルなトラックにも派手なトラックにもよく合うのだ。何年か前にChemical Brothersの「Go」という楽曲に参加しているのを聴いたが、そこでも良い仕事をしていた。しかし、彼のラップのカッコよさを素のまま味わえるのはやはりこの作品をおいてほかにない。

とはいえ、個人的な体感では、ほぼ名盤しかないA Tribe Called Questの作品の中でも微妙な位置に置かれているのがこのアルバムである。ファーストアルバムは、ルー・リードの「ワイルドサイドを歩け」をサンプリングした名曲「Can I Kick It?」が収録されているため、ロック好きの間でも話題にのぼることが多い。また、セールス的に最も成功したサードアルバムは彼らの代表作のような扱いを受けている。一方、本作はそれなりに評価されてはいるものの、現在ではファーストとサードの間に挟まるような形でなんとなくスルーされている気がするのだ。たしかに本編で述べたように作品性に比重をおいた本作はヒップホップとしては異端かもしれない。しかし、ロックやジャズからの入り口になりうる（オタク系？）ヒップホップとして、本作の音は間違いなく最高峰の出来である。

↓
↓

THE BEATNUTS, KANYE WEST, NUJABES

第７章

音楽は語るべきではない？

——『ロッキング・オン』と音楽語り

音楽は聴けば十分か?

最近はやや下火になったが、「ロキノン系」という言葉がやたらと使われた時期があった。基本的には雑誌『ロッキング・オン』でプッシュされるミュージシャンを指すのだが、あまり良い意味で使われているのを見たことがない。ネット上では大抵、ミュージシャン自体よりもそのファン層を攻撃するために用いられており、彼らを揶揄するために「ロキノン」と「中坊」を組み合わせた「ロキノン厨」というネットスラングがやたらと飛び交った。

ただ、彼らに対する批判の中身についてはかなり幅がある。かたやアイドルなどの大衆的な音楽を自分の価値観でくさす「嫌なやつら」という批判があり、その一方で、雑誌で紹介されるメジャーなミュージシャンについて訳知り顔で語り、「その程度」で音楽好きを自認する「薄っぺらいファッション音楽好き」として侮蔑的に扱われている。いわば、より大衆的な音楽を愛好する層とよりマニアックな音楽を聴く層の挟撃にあっているような印象だ。

このように「ロキノン厨」に対して投げかけられる言葉は様々だが、一つだけ共通点があるとすれば、音楽について語ること自体を抑制しようとする傾向を持っていることだ。試みに「ロキノン厨」が叩かれる理由についてネット上の声を拾ってみよう。

> 叩かれる理由はいくつかあります
> ①自己陶酔
> 「普通の人よりマイナーな音楽聴いている俺カッコイイだろ？」とバンドではなく自分に酔ってそれを自慢げに話す。
> ②他のバンドをけなす、ロキノンが全てだと思ってる
> 若手バンドに対して「これ○○のパクリじゃね？」とか「テレ

ビ出演とかファン辞めるわー」と過度な発言をする等[1]

注目すべきは、これらの叩かれる理由づけがいずれも「発言」を問題にしているという点だ。たしかに、②のような音楽好きはファンからすれば叩きたくもなるだろう。しかし、①のような「自己陶酔」はいわば受け取る側の「勘ぐり」であり、もし仮に本当に自己陶酔であったとしても、それが叩いてもいい理由にはならない。にもかかわらず、それが（比較的良心的な書き込みであってすら）理由として挙げられていることは、アイデンティティをかけて音楽を語ること自体をネガティブに捉える意識がある程度広く共有されていることを示しているのではないか。

実は「音楽語り」がそれほど熱心になされていないことは、実際の調査において間接的にではあるが確認されている。2007年に実施された浅野智彦らの調査によれば、「音楽鑑賞・オーディオ」を「最も力を入れている」趣味として挙げた若者のうち、その趣味に「一緒に取り組む友人がいる」と答えた者の割合は58.3％にとどまった。音楽鑑賞に「一緒に取り組む」ことは一緒にフェスに行くにせよ、同じミュージシャンを追うにせよ、まず語ることが起点にある。そう考えれば、この数字は半数近くの音楽リスナーたちが他人と音楽について語り合わないまま、それを趣味として自覚していることを意味する。この数字を多いと見るか少ないと見るかは人ぞれぞれだが、同調査で挙げられている他の多くの趣味において「一緒に取り組む友人がいる」と答えた人の割合は高くて90％以上、低くとも60％以上にのぼっていることを考えれば、相対的に低い数字だといえる[2]。もちろん同調査には、スポーツやバンド活動など、その趣味を楽しむために一定の人数を必要とするものも多く含まれて

1　Yahoo! Japan知恵袋「ロキノン厨について……」https://detail.chiebukuro.yahoo.co.jp/qa/question_detail/q10139804565（2021年5月19日閲覧）

いるため、単純比較はできない。しかし、少なくとも「最も力を入れている趣味」について一緒に取り組む友人がいないという半数弱の回答からは、音楽についてきわめて寡黙なリスナー像が想起されるのではないだろうか。いわば音楽は聞けば十分で、それについて誰かと熱く語り合う必要などないという思い込み、というより空気のようなものが現代のリスナーたちには共有されているようなのだ。

では、音楽について語ることを避けるこうした傾向はいつから生まれたのか。かつての若者たちは何を求めて音楽を語り、そしてなにゆえに沈黙していったのか。

この問いにこたえるため、本章では、音楽に関する言説の場としての雑誌メディアの歴史を追ってみたい。対象とするのは『ロッキング・オン』本誌である。以下では『ロッキング・オン』の誌面そのものに加えて、「創刊四人衆」の一人とされる橘川《きつかわ》幸《ゆき》夫《お》へのインタビュー調査も用いつつ、「ロック語り」の変遷を明らかにする。

創刊にいたるまで

現在の『ロッキング・オン』を開いてみれば、ミュージシャンのインタビューがメインとなり、一般の投稿にはライブ・レポートなどのわずかなページしか割かれていない。しかし、1972年の創刊当初、この雑誌は全面投稿誌だった。当時の『ロッキング・オン』には、毎号文章を載せる中心メンバーは存在したものの、プロのライターは一人もおらず、素人の投稿のみによって誌面が構成されていたのだ。若者たちは『ロッキング・オン』という雑誌の誌面で、音楽に自分を託し、活発に「音楽語り」を繰り返していたのである。

2　浅野智彦（2011）『若者の気分——趣味縁からはじめる社会参加』、岩波書店。
ちなみに、同調査で最も力を入れている趣味として「音楽・オーディオ」と同程度の数値を示している「自分でやるスポーツ」の場合、一緒に取り組む友人のいる割合は90.6%に上っている。

図 7-1 『ロッキング・オン』創刊号の表紙

洋楽雑誌『ロッキング・オン』の創刊は1972年8月号にまでさかのぼる。

「隔月刊の真のロック的なロック専門誌」

これが創刊号、2号に付された肩書きである。創刊者は現在もなお代表取締役を務める渋谷陽一。当時はまだ若干21歳で明治学院大学に所属する学生であった。

肩書からも推測されるように、意気込んで出版された創刊号だが、その出来はひどいものだったと後に渋谷自身が回想している[3]。渋谷は「包装紙」のような表紙のデザインが気に入らなかったと述懐しているが、中身もまだまだ荒削りだった。実際の資料を見ても、内容以前に乱丁や落丁が多くみられ、同じページに二ページ分の印刷が重なっているなど、素人雑誌の感がぬぐえない。少なくともグラビアを多用した華やかな現在の『ロッキング・オン』からは想像もつかないものだ。中身にしても全て投稿であったため、当然ながら現在のようなインタビューを主体とした雑誌とは異なり、自身の日常生活とロックを絡めた文章や、ロックを分析的に論じた固い論考など統一性のないラインナップとなっている。

後に「創刊四人衆」と呼ばれることになる創刊の中心メンバーには、渋谷以外に岩谷宏、橘川幸夫、松村雄策がいた。このうち、松村以外の三人が出会ったきっかけは、後に『ミュージック・ライフ』で編集長を務めることになる水上はる子が主催していたミニコミ誌『レボリューション』に全員が投稿していたことだ[4]。メディア論的に重要なのは橘川と『レボリューション』の出会いである。橘川は

3　渋谷陽一（1982）『音楽が終わった後に』、ロッキング・オン。

4　ただし、橘川はレボリューションの最終号に間に合わず、遅れて投稿したため、実際に投稿として掲載されたわけではない。

『レボリューション』を発見した当時のことを次のように回顧する。

> 水道橋方面へ向かう白山通りに「ウニタ書肆」があった。ウニタとはイタリア語で「統一」という意味らしく、学生運動の機関紙や、ミニコミなどが置かれていた。ここは当時の政治や文化の最前線の資料が集るところだったので、僕は定期的に通っていた。
> 店内は、サークルの部室のように乱雑にアジビラやセクトの機関誌が積み上げられていた。政治的な媒体だけではなく、アングラ劇団のパンフレットや、中央線沿線のヒッピーたちが作っていたレベルの高いミニコミもあった。そうしたサブカルチャーのコーナーに「レボルーション」というロックのミニコミがあった。[5]

学生運動の機関誌とミニコミ誌が雑然と並ぶ店内の描写は「教養主義のクライマックス」[6]としての学生運動文化と70年代以後台頭してくるサブ・カルチャーの連続性を物語っている。現在では峻別されがちな二つの文化だが、「メディアはメッセージ」として機能する以上、これらの媒体を創った若者たちの文化は当時にあって、同種、あるいは類似のものとして眼差されていたと考えられるからだ。ここに並ぶ雑誌『レボリューション』を母体に組織された『ロッキング・オン』はまぎれもなく、学生運動文化やその背景にある活字文化の落とし子であった。

橘川幸夫へのインタビューによれば、こうした活字文化とロックの間をつなぐ上で、重要な役割を果たしたのは、「創刊四人衆」の一人、岩谷宏であったという。当時における岩谷の影響力について、

5　橘川幸夫（2016）『ロッキング・オンの時代』、晶文社、17頁。

6　竹内洋（2003）『教養主義の没落—変わりゆくエリート学生文化』、中央公論新社。

橘川は次のように言う。

> 俺にとってロックってのは岩谷宏の登場は大きくて、彼、訳詞をしたわけだよ。するとそこに言葉があったわけだよ。その言葉がすごかったわけだよ。当時ね。インパクトが。こんなこと言ってんのかって。それまでメロディラインとかさ。リズムとかさ。音楽の外側の部分でびっくりしてたわけだよ。「ヘルプ」ぐらいならわかるけどさ。「ジギー・スターダスト」とかになるとよくわかんなかったとこあるわけだよな。それを多分、本当の詞よりすごい詞を彼は翻訳したわけだよ。インパクトのあるね。そこで、俺らはある種の言葉の衝撃をうけたわけだよ。だからそれは本を読んだ文学と似てると言えば似てるのね。
>
> 要するに言葉だよな。ロックってのは単に音のアートっていうだけじゃなくて、言葉のアートでもあるっていうことをさ。自覚したわけだよ[7]。

この証言は、岩谷が活字文化と音楽文化を結びつけるキーマンとして機能していたことを表していると同時に、当時洋楽を聴いていた若者たちが活字を文化的共通基盤としていたことも示している。

そのことは、「創刊四人衆」自体の志向性からもうかがい知れる。篠原章によれば、そもそも渋谷陽一は『ロッキング・オン』創刊にあたって吉本隆明による文学評論雑誌『試行』を模範としていたという[8]。また、橘川幸夫は当時、短歌に傾倒しており、創刊号に「塚脇功」という名義で短歌を寄稿している。岩谷宏は80年代に『現代思想』で連載を初める人物であり、松村雄策にいたっては、後に小説家としてデビューしているのだ。

7　橘川幸夫へのインタビューより（2015年4月15日に実施）。

8　篠原章、前掲書、2015年。

「創刊四人衆」のうち、唯一この『レボリューション』に寄稿していなかった松村雄策は、その他の創刊メンバーと同じく、渋谷がDJをつとめるロック喫茶「ソウルイート」で渋谷と知り合っている。しかし、「ソウルイート」で知り合ったメンバーにしても、活字文化との関係が薄かったわけではない。例えばそうしたメンバーの一人、大久保宏は、ジャニス・ジョップリンについて語るに際して、文章の末尾に以下のような注釈をつけている。

> なお、この小文を書くにあたって、小林秀雄の「近代絵画」のゴッホ論に負うところが多大であったということを付け加えておく[(9)]。

あえて書く必要がなくとも、こうしたことを付け加えてしまうところに教養主義的価値観の残滓が感じられる。この投稿に代表されるように、60年代的な活字文化との連続性が初期においては明確に観察されるのである。

インテリによるロック雑誌

活字文化と洋楽ロックの連続性を担保していたのは、岩谷のようなイデオローグの存在だけではなかった。当時、洋楽ロックを受容していた階層の問題も大きい。ここでは、初期の『ロッキング・オン』の主な投稿者の属性にも言及しておきたい。

創刊号は3,000部印刷されたが、スタッフによる手作業の配本には限界があり、実質店頭に並んだのは約1,000部程度であった。また、スタッフの交通費も学生ばかりの当時は財政を圧迫していた。

9　大久保宏(1973)「総展望　現在ロックは何処に　グレイティスト・ヒット」、『ロッキング・オン』、第8号、40頁。

配本と集金のために小口の取引先に出かけてくるだけで赤字になることもあったという。そのため、2号発行にあたって再び資金を出し合わねばならなくなる。創刊号に執筆した投稿者のうち、この時点で抜けていった人物も多かった。中心となっている執筆者のプロフィールが紹介されたのは、ある程度メンバーが安定した第7号になってからだ。ここで属性が明らかになっている人物についてまとめたのが表7-1である[10]。当時の大学進学率がまだ20%台であったことを考えれば、全体としてかなり高学歴であったことが見て取れる。初期の『ロッキング・オン』が教養主義的価値観をひきずっていたのは、こうした担い手たちの属性によるところも大きいといえるだろう。

氏名	プロフィール
岩谷宏	京都大学文学部仏文科卒
橘川幸夫	國學院大学在学中
大久保宏	早稲田大学在学中
小林竜雄	早稲田大学在学中
滑川海彦	東京大学法学部在学中
大類信	広告代理店デザイナー
加部僚子	某一流音楽誌の編集者

表7-1　主要執筆者の学歴及び身分

このことは、当時の『ロッキング・オン』のマーケットからも明らかになる。第3号までの配本状況や売り上げを書き留めた橘川幸夫のノートによれば、3号まではロック喫茶やライブハウスにも配られたが、当初の予想を裏切り、売れ行きが良かったのはむしろ一般の書店であったようだ。2号から配本した新宿紀伊國屋では、最初の月が150部を入れて完売。第3号は300部入れて297部が売れたという。『ロッキング・オン』は直接的にロックを聴きにいったり、演奏したりしている人々よりは、書店に足を運ぶ活字文化の愛好者達に支持されていたと考えることができるのだ。

このように若者たちが文学からロックへと目を向けるようになった要因について、橘川幸夫は以下の様に証言している。

10　渋谷陽一（1973）「ロッキングオン ア・ラ・カルト」『ロッキング・オン』、第7号、55頁。

六〇年代までは文学なりの緊張感があった。七〇年代以後、文学に緊張感なくなっちゃったんだよな。俺にとってはデヴィッド・ボウイの方がはるかに文学者だったんだよ。[11]

ここで言う「緊張感」とは、ともに時代を生きているというある種の「参加感覚」と言っても良いかもしれない。橘川の証言は一つの文化が若者文化として存立するための条件を見事に表現したものであると言える。

洋楽ロックは活字文化という言葉を基盤とした文化の後継として、新たな若者文化へと成長していった。『ロッキング・オン』という雑誌は、その成長の伴走者であったといえよう。号を重ねるごとに飛躍的に売れ行きが良くなっていった『ロッキング・オン』は早くも第４号で取次を通して販売されることになる。

主観的音楽批評の誕生

1973 年、創刊から４号目にして『ロッキング・オン』は全国配本を開始する。この時点で発行部数は一万部に達していたという。ミニコミとしては異例の早さである。この実質的な創刊号の冒頭で、編集長である渋谷陽一は編集方針について次のように説明している。

要するに僕達がこの雑誌を作る最初の動機であった、客観主義的なものでなく、あくまで自分自身がロックにつき動かされたものを文章としていくという、切実な自発性に裏ず《(ママ)》けられたもののしか必要ないという発想による編集形式なのだ。[12]

11　橘川幸夫、前掲インタビューより。

12　渋谷陽一（1973）「まず最初にロッキングオンについて　全国配本のごあいさつと、

主観的ロック批評の始まりが高らかに宣言された瞬間であるといえよう。そうした音楽批評の「金看板」となった人間こそ、前述の訳詞でも影響力を発揮していた岩谷宏であった。岩谷は同じ４号で主観的な語りの正統性について次のように論じている。

> ふつう、俗に、主観、というと、それは恣意性と同じイミ、つまりワガママな、普遍性のない個人性というイミにとられがちだが、ここでいっている主観とは、人間個人個人の普遍的な神秘性としての「私」―きみにも私にも共通してある、この透明で巨大な空虚、痛み、この根拠のない透明で巨大なかなしみの宇宙をさす。人は、ただひとつ、それをかかえて死んでゆく。(13)

後半部は現代なら「ロキノン厨」とこき下ろされかねない「ポエム」のような趣きを帯びてくるが、ここに登場する「主観性こそ普遍的」というテーゼは前述の渋谷の編集方針を裏付ける理論的バックグラウンドとなったのである。

しかし、このような主観性を前面に出した批評方法は、前節で論じた教養主義的価値観を持つ投稿者たちとの対立も引き起こす。「ロキノン」内部にもこうした批評のあり方に対する葛藤は存在したのである。それはさながら80年代以降に登場する現代思想やポスト・モダンの論者とかつての教養主義者が対峙したような構造となった。その図式は以下のような論争に見ることができる。

> 娼婦の本質とは、性愛の普遍性ということであり、したがって、

次号よりの定価値上げのおわび」『ロッキング・オン』、第4号、2-3頁。

13　岩谷宏（1973）「ローリングストーンズ大批判―「ニューロック」とはなんであったか」『ロッキング・オン』、第4号、5頁。

> 普通の人間（＝実存）における、ある特定の異性に自己をゆだねる、といったかたちでの、「性愛の特殊性」を否定するのである。[14]

この評論はデヴィッド・ボウイの楽曲について岩谷が論じたものだ。サブ・カルチャーを素材に思想を語っていることや、「性愛の普遍性」という表現など、70年代前半に書かれたとは思えないほど80年代的である。こうした表現方法に対して、先に小林秀雄を引用していた大久保宏は「岩谷宏大批判」と題した投稿で次のように論じている。

> 私は、「新人類」や「性愛の普遍性」といった種類の言葉をも含めたものの背後にある岩谷宏の思想（これをはたして思想と言っていいかどうか今私はためらいを感じずにはいられない。）に、ある種の畸型的な欠落を感じて来た。「新人類」という言葉だけを考えてみても何という説得力もない、実質ゼロの言葉だろう。何故なのか？ それは彼が、「人間的なるもの」を克服していないからだ。あるいは克服のための苦悩が彼にはないからだ。彼は、「人間的なるもの」から遁走したのだ。[15]

含意されるものはおそらく異なるとはいえ、80年代に流行する「新人類」という言葉をこの時点で岩谷がすでに用いていることは一つの驚きである。しかしここでは、この論考が、上の世代による「新人類」批判とどこか類似性を感じさせるという点に注目しておきたい。教養主義的価値観をひきずった大久保のような人間にとって、『ロッキング・オン』の思想的柱となっていく岩谷の考え方は違和

14　岩谷宏（1973）「娼婦の思想」『ロッキング・オン』、第6号、26頁。

15　大久保宏（1974）「岩谷宏大批判—「うた」の生理学」『ロッキング・オン』、第10号、32頁。

感を禁じ得ないものだったのである。大久保をはじめとするこの種の投稿者たちはこれ以降も寄稿を続けた。しかし、後述するように、岩谷の文章を真似た投稿が増加し、岩谷自身の投稿も毎号３本ほどのハイペースで掲載される中で、あくまで『ロッキング・オン』の中心は岩谷的なものになっていく。

『ロッキング・オン』のこうした姿勢の新しさは先行する音楽批評雑誌『ニューミュージック・マガジン』（現『ミュージック・マガジン』）との対比からも明らかになる。それが端的に表れているのは、1974年に『ニューミュージック・マガジン』創刊者の中村とうようと『ロッキング・オン』の主要執筆陣の一人であり、後に脚本家になる小林竜雄との間で交わされた論争である。

発端は『ニューミュージック・マガジン』３月号でジャズ・ロックの草分けとして知られるマハヴィシュヌ・オーケストラを中村とうようが批判したことであった。これに対して同年４月号の『ロッキング・オン』で小林が「中村とうよう氏への公開質問状！」と題した批判を展開する。この論争は、『ニューミュージック・マガジン』６月号で中村が反論、８月号の『ロッキング・オン』で小林が再度批判、という経緯をたどる。

両者の対立には、二つの雑誌の違いが鮮明に表れている。小林が中村について「批評として一個のマハヴィシュヌ論さえ書いていない[16]」と述べたことに対し、中村は次のような反論を行っている。

> ぼくは、マクラフリンのアドリブはスケール練習のような無味乾燥なパタンを早い音符で弾きまくってるだけで、あんなものはフレーズとは言えない。まったく歌わないしスウィング感もなくノッペラボーだ、という点と、そのくせ音を小さくしたり

16　小林竜雄（1974）「中村とうよう氏への公開質問状―ロック批評の現況をめぐって」『ロッキング・オン』、第10号、22頁。

大きくしたりヤタラにダイナミック・レンジだけ拡げてハッタリで聴衆を圧倒しようとしている点とを指摘し、（中略）ほかにもギターの音の汚なさなどにも言及した。これが《批評としてのマハヴィシュヌ論》とやらになっているかどうか知らないけど、ぼくとしてはこれで充分[17]

中村とうようの批評があくまで音自体の分析に向かっていることが見て取れる。これに対して、小林は自身の文章が中村に引用された箇所は重要な部分が抜け落ちているとして、自分の書いた同じ文章から以下の箇所を本質的なものとして提示している。

彼等の希薄な宙吊りされた音は、やがて自分達の足元そのものを直視せざるを得なくなるだろう事を予想させている[18]。

音そのものというよりは、自分の主観性を全面に押し出した印象批評であるといえる。これこそが、『ニューミュージック・マガジン』と『ロッキング・オン』の間にある大きな隔たりだった。音楽作品そのものを問題にし、少なくとも見かけ上は客観的な評価として点数をつける前者に対して、後者は音楽と自分の関係性に重点を置いているのだ。現代において批判されがちなこうした主観的音楽批評は客観的な音楽批評に対するアンチとして生まれてきたむしろ新しいタイプの批評の方法論であったことが見て取れる。

もちろん、両者の類似性を指摘する議論もある。篠原章は『日本ロック雑誌クロニクル』の中で、中村とうようと渋谷を比較し、次のように述べている。

17　中村とうよう（1974）「とうようズ・トーク」、『ニューミュージック・マガジン』、第6巻6号。

18　小林竜雄（1973）「音構造への悪闘の現在性について—ジャニスからマクラグリンの叫びの所在をめぐって」『ロッキング・オン』、第6号、48頁。

> 実は、中村とうようも渋谷陽一も、詩人で思想家の吉本隆明の影響下に評論活動を展開してきた。(中略)渋谷に至っては、『試行』のような雑誌を出したかったと明確に述べたこともあるほどで、文体まで吉本隆明にそっくりだった。中村とうようは七〇年代前半までの吉本隆明、渋谷陽一は七〇年代後半以降の吉本隆明という違いこそあったが、「中村＝渋谷論争」は、〝二人〟の吉本隆明が衝突したかのような印象さえ与えた。[19]

この二誌に代表されるロック・ジャーナリズムは「戦後の文芸批評や文明批評をモデルとしながら、その時代的なバリエーションとして存在意義を主張してきた[20]」と篠原は分析する。1970年代に入って若者の興味の対象が文学からロックへと変化しただけで、批評の方法論は変わっていないというわけだ。前節で指摘した文学や活字文化との関連性から考えれば、文芸批評とロック批評の連続性という指摘はどこまでも正しい。その上で、ここで言うところの「七〇年代前半までの吉本」と「七〇年代後半以降の吉本」との違いは、当時にあって決定的だった。

数値にでも変換しない限り、音楽に対する語りに主観性が入ってしまうことは否めない。それでも、中村のようにあくまでその根拠を可能な限り客観的な装いで提示するのがそれまでの音楽批評のあり方だった。『ロッキング・オン』はそれを公然と放棄することを企図したのである。橘川幸夫へのインタビューによれば、当時の『ロッキング・オン』内部の人間にとって、『ニューミュージック・マガジン』は「教養主義的でスノッブな、音楽を自分のステータス

19　篠原章、前掲書、126-127頁。

20　篠原章、前掲書、127頁。

として消費する」ような考え方の雑誌に見えていたという[21]。もともと教養主義が客観主義的な性質を持っていたかどうかはさておき、対象と距離をおいた語りが、むしろ現在でいうところの「ファッション音楽好き」のようなものとして忌避されていたことがわかる。すなわち、『ロッキング・オン』が創刊されたとき、それはロックという音楽に託した自分語りに新たな価値が付与された瞬間でもあったといえよう。

全国配本が始まった1973年4月号（第4号）当時の『ロッキング・オン』の肩書きは、創刊号から変化し、「ロックファンによるロック専門誌」となっている。当人たちが意識していたかどうかはともかくとして、「自分たちはあくまで『ファン』である。主観的な語りの何が悪いのか？」とでも言うような開き直りを旗印に彼らは全国へ打って出たといえよう。当時の『ロッキング・オン』が急速に部数を伸ばした背景にはこのようなファンとしての「自分語り」への欲求が横たわっていたのである。

「架空インタビュー」の構造

「自分語り」と言えば、いかにも自己の内面へと沈潜していく自己陶酔的なイメージがある。しかしそれこそ、『ロッキング・オン』が読者や投稿者たちの間に精神的な「つながり」を形成していく上で最も重要なポイントだった。

初期の『ロッキング・オン』のそうした側面がよく表れている企画として、「架空インタビュー」が挙げられる。これは、有名な外国人ミュージシャンにインタビューしたという体で進行する創作記事だ。まだまだ弱小誌で外国人ミュージシャンに直接インタビューをとれないことを逆手にとったユニークな企画である。第1回は

21　橘川幸夫、前掲インタビューより。

1974年２月号に掲載されており、今もなお絶大な人気を誇るハードロックバンド、Led Zeppelin のギタリストであるジミー・ペイジに「インタビュー」を行っている。

> R［ロッキング・オン］　動的・内向的転換とは？
>
> J［ジミー・ペイジ］　それは、要するに、弱者だけで、弱者のままで、しっかりと、強固に、まとまりたい、という願いです。生きていたい……という。
>
> （中略）
>
> R　革命をどう思いますか？
>
> J　現状的結果をみてもわかるとおりソヴィエトも中共も、あれはちっとも革命ではありません。つまりあれは、またあらたな諸関係が形成されたにすぎず、ちっとも革命ではない。[22]

ミュージシャンのインタビューとしてはどう考えても不自然な内容であり、リアリティを欠いている。書き手が自身の信条をミュージシャンに仮託して語らせていることが丸見えなのだ。実際、これに対して怒りの手紙が届くこともしばしばあったようだが、そうした手紙に対して、この記事の主な執筆者の一人でもあった岩谷宏は次のように応答している。

> 1. 架空インタビューは一人の聞き手が、自分の聞いたもの＝自分の感動が普遍的なものであることを信じて、それを自分の言葉で反芻してみようとする一形式、にすぎません。[23]

22　無記名（1974）「架空インタビュー　ロッキング・オン対ジミー・ペイジ」、『ロッキング・オン』、第9号、17頁。

23　岩谷宏（1976）「架空インタビューについて」、『ロッキング・オン』、第23号、36頁。

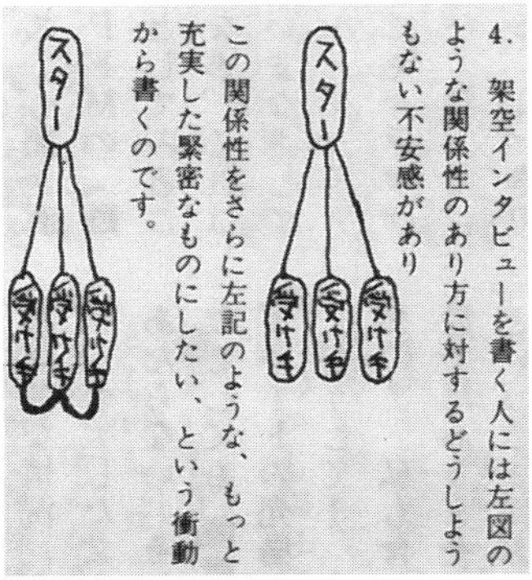

図7-2　架空インタビューのねらい

感動という主観的なものにこそ普遍性があるというのである。さらに、これに続く箇所では以下のように図を伴った説明がなされている（図7-2）。音楽の受け手同士の間に関係性を構築しようとする意図がはっきりと見て取れるだろう。

この岩谷の思想は彼が投稿している間、一貫して変わらない。そして様々な人間が投稿する中で、これこそが唯一、70年代の『ロッキング・オン』全体に通底する思想であったともいえる。岩谷は当時の『ロッキング・オン』に最も多くの投稿を行っている執筆者であるのみならず、その文章が読者の間でカリスマ的な人気を得ていたからだ。実際、1975年10月号には、以下のような文章が投稿されている。

> ロッキング・オンはマンネリ化したのではない。一時、大部分の文が、岩谷さんの思想に感化されたようになったための誤解だろう[24]。

こうした投稿からは読者（＝潜在的執筆者）に対する岩谷の影響力の大きさがうかがい知れる。実際、当時の『ロッキング・オン』にはロックに仮託した以下のような「自分語り」が多くみられる。

> わたしはすこし前に、自分のまわりには健全でマジメな高校生諸君、そしてあまりにもあまりにも常識的かつ厚顔なおとな

24　菊地政志（1975）「ジェーンよ、ギターをとれ！」、『ロッキング・オン』、第18号、14頁。

> 達しかいないし、あの人たちには何を話してもしょーがない、わたしの言うことはせいぜい「SF の読みすぎだよ」と冷笑されるのが落ちで、あの人達の言うことはわたしには全く実感も共感もできず、だからもういいの、あのオメデタイ（そしてそれ故に愛すべき）人達とはあまり摩擦のおきないようにわたしはわたしの表面をなめらかに、しかも完璧に保って、適当にえーかげんにかれらにあわせながら、自分の内面世界へ旅立とう、と決心したのでした。[25]

あまりに長い一文だが、ここからは、おそらく日常的には真面目に見えるであろうティーン・エイジャーが自身の内面を吐露しているという切迫感がよく伝わってくる。自身の内面を誰かに理解してほしい。そんな欲求が見えてくるのである。

初期の『ロッキング・オン』はこのように、岩谷的な思想を共有することで、雑誌としても、ロックファンのコミュニティとしても発展していった。つまり、主観的な考えを「ロック語り」に仮託して吐露することこそ、精神的に他者とより強くつながるために最善の方法だと信じていたのである。この思想こそ、読者（≒投稿者）に共有された「ロッキング・オン共同体」とでもいうべき意識の基礎となっていたのだ。

1979 年に渋谷は『メディアとしてのロックンロール』という著作を出版するが、こうした状況から見れば、その背景には、ロックを媒介（メディア）として同じ考えを持つ人間同士が意識の奥深くでつながろうとする発想が存在していたと考えられる。今日的な意味で「メディア」という言葉が用いられ始めるのは概ね 80 年代以降のことであるが、それ以前に、むしろ原義を意識してこの言葉を用いていたといえよう。

25　村尾素子（1975）「ロックに触れた私」、『ロッキング・オン』、第15号、26頁。

しかも、渋谷は『ロッキング・オン』を読者や投稿者による議論の場、すなわち、公共圏として明確に意識した発言をしている。

> メディアとはシステムなのである。受け手と送り手、相方の意志が侵食し合う場、システムを作りあげる事が雑誌作りの全てなのだ。[26]

それは、渋谷だけでなく他の投稿者にも共有されていた。例えば、創刊時から参加している執筆者の一人、山崎由美子は 1974 年時点ですでに次のような投稿を残している。

> 要点はこうだ。メディアが必要なのだ。鯨のように優秀な相互通信能力と相互協力能力を持っていない私達は、メディアなくしてはどーしょーもない。私達は、そもそも「私達」であることすらできない。[27]

筆者はこれに続く部分で、このように機能するメディアは現在、『ロッキング・オン』しかないと断じている。『ロッキング・オン』は投稿誌であるがゆえに、若者たちを結びつけ、コミュニケーションの場を担っていたのである。

渋谷陽一のメジャー志向と情報誌化する『ロッキング・オン』

架空インタビューに代表されるように、70 年代半ばまでの『ロッキング・オン』は、そのほとんどが主観的な記事によって構成され

26　渋谷陽一（1982）『音楽が終わった後で』、ロッキング・オン、18頁。

27　山崎由美子（1974）「LIVEジェネシス」、『ロッキング・オン』、第13号、34頁。

ている。その一方で、直接的な音楽情報は現在と比べて圧倒的に乏しかった。その意味では、ミニコミ誌的な性格を色濃く残していたといえる。

70年代終わりから80年代にかけて、『ロッキング・オン』はそんなミニコミ路線から徐々に脱却していくことになる。その傾向を顕著に表しているのが、1978年10月号から始まった英国の『sounds』誌との独占記事契約である。契約にあたって、『ロッキング・オン』は『sounds』誌について、「イギリスを代表する週刊の音楽新聞で、知的な批評文と革新的な内容を持った情報誌[28]」であると説明している。これ以降、毎月5ページ分が契約記事にあてられることになった。このことは、小さな変化ではあるが、ナマの情報を『ロッキング・オン』が毎回取り入れるようになった一つの画期をなしている。これ以降、ミュージシャンへの直接的なインタビューもしばしば登場するようになり、「2万字インタビュー」を目玉とする現在の形へと少しずつ近づいていく。

こうした契約記事以外にも、70年代後半の『ロッキング・オン』には様々な変化が見られる。まず、1976年に『ロッキング・オン』は正式に会社化する。渋谷が社長、松村雄策が唯一の社員という構成ではあるが、ミニコミから脱するという意志の表れと見ることもできる。雑誌自体の変化といえば、1977年10月号から、隔月刊から月刊へと刊行スピードを上げた。また、岩谷宏の真似をして十代が送って来る心の叫びのような投稿が掲載される機会も減少していく。1970年代半ばの『ロッキング・オン』を篠原章は「〝癒し〟の雑誌[29]」と評しているが、そうした要素が脱色されていくのだ。

このような『ロッキング・オン』の変化は以下に示した雑誌とし

28　無記名（1978）「ロッキング・オンは今月から英国のサウンズ紙と独占契約しました」、『ロッキング・オン』、第42号、2頁。

29　篠原章、前掲書、178頁。

年代	背表紙	表紙
1972.8-1972.10	（判読不能）	隔月刊の真にロック的なロック専門誌（最初の頁に記載）
1973.1-1975.7	ロックファンによるロック専門誌	なし
1975.12-1976.6	21ST CENTURY SCHIZOID MAGAZINE　ロックファンによるロック専門誌（併記）	21ST CENTURY SCHIZOID MAGAZINE
1976.8	21ST CENTURY SCHIZOID TIMES	21ST CENTURY SCHIZOID MAGAZINE
1976.10-1978	ロックファンによるロック専門誌	21ST CENTURY SCHIZOID MAGAZINE
1979-1980	21ST CENTURY SCHIZOID MAGAZINE	21ST CENTURY SCHIZOID MAGAZINE
1981	なし	なし
1982	QUALITY ROCK MAGAZINE	なし
1983-	FIRST IN ROCK JOURNALISM	左記と同じ名称が入る年と入らない年あり。

表 7-2 『ロッキング・オン』肩書きの変化

ての肩書の変化からも明らかになる[30]。ここにある「21ST CENTURY SCHIZOID MAGAZINE」という名称はカルト的な人気を誇るプログレバンド、King Crimson の曲名にちなんだものだが、これが80 年を境に姿を消していることは注目してよい。この肩書きがついているということは、「21ST CENTURY SCHIZOID」と言えばピンとくるような人々、すなわちコアなロックファンを読者として想定していることを意味するからだ。しかし、80 年代に入ると、「QUALITY ROCK MAGAZINE」をはさんで間もなく、現在に至るまで用いられている「FIRST IN ROCK JOURNALISM」へと肩書きがは固定される。つまり、80 年を境に『ロッキング・オン』は、一般向けの音楽情報雑誌へと脱皮しようとしていたと見ること

30　なお、ここで背表紙についてもあえてまとめたのは、雑誌を購入する人間の目につきやすい部分であるという理由からである。

ができるのだ。

事実、投稿の採否を一手に引き受けていた渋谷は1980年に、『ロッキング・オン』の編集方針について、自身で執筆した自分に対する架空インタビューの中で次のように語っている。

> つまり、モデル読者を想定してもしかたがないという事。ROはRO的な人に向けて作っているわけでもなければ、世の中にROのような人なんてものも存在した事はないんだ。（中略）僕達が見なければならないのは既存のメディアの欠落部分なんだヨ。（中略）単純に言ってしまえば、最も大きな欠落部分と空白部分を見い出すことができた人間が、最も売れる雑誌を組織する事ができるんだ[31]。

青年実業家としての渋谷の面目躍如とでも言える発言である。読者を絞ってしまうのではなく、情報の「空白」を探すことで新しいマーケットを開拓するというのである。たしかに、意識的であれ、無意識的であれ、この「空白」に対する渋谷の嗅覚は非常に鋭かった。70年代の『ロッキング・オン』に80年代の先駆けとなる要素が多く見られることがそれを示している。「メディア」という言葉に始まり、前述のように「新人類」という言葉も、やや文脈は異なるとはいえ、同じ世代のことをあらわす用語としてすでに七〇年代の『ロッキング・オン』に登場している。さらに、80年代に流行するポスト・モダン論やニューアカの先駆けとも言える岩谷を創刊時のパートナーとして見出したこともまた、そうした嗅覚のなせる業であると解釈することもできる。

そして80年代に突入したこの時期に渋谷が見出した新たな「欠

31　渋谷陽一（1980）「渋谷陽一インタビュー　独自の雑誌論理を語る！」、『ロッキング・オン』、第62号、35頁。

落部分」、あるいは「空白部分」こそ、現在もなお『ロッキング・オン』の目玉となっているロング・インタビューであった。たしかに、『ロッキング・オン』のインタビューは独自色が強い。アーティスト側からの事前チェックを受け付けないことに加え、本人の弁によれば、その内容も意識的に会話の水準を高く保とうとしているという。それがうまく機能しているか否かは別にして、当時の人々がミュージシャンの内面に迫るナマの情報に飢えていたことは間違いない。

80年代における『ロッキング・オン』の大躍進は、こうした「欠落部分」に対する渋谷の感覚が正しかったことを雄弁に物語っている。部数自体は公開されていないが、1986年にはグラビアを中心として長らく業界一位の座にあった『ミュージック・ライフ』を抜き去って、部数で業界トップに立つにいたったのだ。

80年代になってもかつての主観的音楽批評の色彩は残っていたが、プロによる文章も増加し、かつてのような素人の投稿は急激に少なくなっていった。ミニコミとして創刊した『ロッキング・オン』は大衆性を獲得し、ここにいたってメジャー誌中のメジャー誌となったのである。

橘川幸夫の引退宣言

しかし、こうした80年頃からの『ロッキング・オン』のありかたと方針を異にする者もいた。「創刊四人衆」の一人とされる橘川幸夫である。彼は「創刊四人衆」の中で唯一「引退声明」を明確に発して『ロッキング・オン』を去った執筆者だ。

橘川の引退声明が掲載されたのは1981年10月号のこと。彼はサラリーマンの勉強会に参加した際に聞いた話を引き合いに出し、次のように語っている。

> 「会社の中で同僚たちがはなすことといったら、麻雀、競馬、酒、女のことばっかし。いやで仕方がなかった」……なんか、記憶がありませんか？　高校生たちが「まわりはミーハーばっかりで嫌で嫌でたまらない！」……そういう孤立した個人が、昔の読者には多かった。そして事態は高校から大学へ行こうと、世の中へ出ようと家庭に入ろうと、そっくりそのまま変わっちゃいないのだ。
>
> ●変えようと思う。せっかくの「問題意識」をアイマイに風化させることをしなかったヒトビトを、タテにもヨコにもつなげていってみせる。問題意識を現象化してみせる。
>
> ●「ロッキング・オン」を創ることと、それをつなげ発展させていくこととは、別のエネルギーが必要なのかもしれない。ぼくは、ぼくの範囲ではじめていきます[32]。

初期に『ロッキング・オン』が希求した「つながり」への志向は橘川の中で、当時もなお維持されていたことがうかがい知れる。その上で、自分の目指す方向性と『ロッキング・オン』の発展する方向との間にズレを感じていたのである。

橘川は『ロッキング・オン』の中で「つながり」担当の人物であったと言っても過言ではない。『ロッキング・オン』は1974年時点で読者組織として「ROの会」を創設しているが、その担い手は橘川であったという[33]。その意味で橘川の引退は、『ロッキング・オン』が失ったものを雄弁に語っている。読者間の「つながり」という要素である。この時期にもまだ、通信欄で文通を求める人々もいたことを考えれば、それが完全になくなったわけではない。しかし、お

32　橘川幸夫（1981）「引退声明」、『ロッキング・オン』、第79号、44頁。

33　橘川幸夫、前掲インタビューより。

そらく精神的な意味での「ロッキング・オン共同体」のようなものはこの時期に失われたとみてよい。

先に挙げた渋谷のインタビュー形式の記事において渋谷は「RO的な人」の存在を否定した。実はそれは、前号に橘川が書いたことを受けてのことだ。橘川は前号で次のように書いている。

> 雑誌が、ある時代的人格を持つ。クロワッサンのような人……というのが実際にいるのかどうか知らないが、まあ、いてもおかしくはない。RO のような人……というのもいただろう。そうなるとどうなるか。クロワッサンのような人、またはそういうふうになりたい人は買うけど、関係ないと思う人は買わない。読んでみると、クロワッサンのような人には会えるけど、間違いなくその人しかいない。[34]

橘川の言う「RO のような人」という認識を渋谷は否定したわけだが、後半の問題意識はおそらく二人の間で共通していた。したがって、渋谷が「RO のような人」の存在を否定したことは、虚勢かあるいは拡大への決意表明であったと見ることもできる。ただ、二人の間には目的性において大きな隔たりがあった。橘川は人間同士の「つながり」、とりわけ異質な他者との「つながり」の構築を目標としていたが、渋谷はあくまで雑誌の読者層を拡大することを目標としていたのである。

実際、この頃すでに橘川は漫画『ヘルター・スケルター』で有名な岡崎京子などを輩出した全面投稿雑誌『ポンプ』を創刊していたし、その後、デジタルメディア研究所を創業するなど、様々な分野で活躍することになる。

橘川が去ってのち、80 年代から 90 年代前半にかけて岩谷も徐々

34　橘川幸夫（1980）「ハロー・グッドバイ2」、『ロッキング・オン』、第61号、52頁。

に『ロッキング・オン』をフェイドアウトしていき、活動の場を『現代思想』に移した。執筆内容も音楽ではなく、コンピュータに関する哲学へと変わっていく[35]。

筆者が試みたインタビューにおいて、橘川は「渋谷を誰よりも信頼しているし、どんなことでも成功させる男」であると語った。その上で、情報誌化した現在の『ロッキング・オン』について、次のように言う。

> 『ロッキング・オン』ってのは俺はずっと、バンドだと思ってるわけだよ。だから岩谷宏がジョン・レノンで、渋谷がポール・マッカートニーで、俺がジョージ・ハリスンで、松村がリンゴ・スターだと。で、それは解散したわけだよ。要するにポール・マッカートニーバンドになったわけだよ。それが今の『ロッキング・オン』でしょ。だからそれは『ロッキング・オン』ではあるけど、『ロッキング・オン』ではないわけだよ[36]。

「創刊４人衆」をビートルズに例えたこの表現は、『ロッキング・オン』が失ったものをよく示している。「思想」を体現していた岩谷と「つながり」の担い手であった橘川の要素を引き去ったものが現在の『ロッキング・オン』であると言えよう。

「音楽語り」の終焉

以上のような『ロッキング・オン』の軌跡から見えてきたのは、

35　彼らの興味がコンピュータに移ったことは、スチュアート・ブランドを初めとする1960年代末以降のヒッピーのイデオローグたちとの関係を想起させる。彼等もまた、「意識の拡張」という思想を持って、コンピュータにのめり込んでいったからだ。岩谷や橘川の思想遍歴は本稿の目的とはややずれるため、別稿であらためて論じることにする。

36　橘川幸夫、前掲インタビューより。

現代において批判されがちな主観的音楽批評が、従来の相対的に客観性のある音楽批評に対抗する形で生まれてきたことである。かつての『ロッキング・オン』的文脈でいえば、そうした客観的な音楽批評こそ「ファッション音楽好き」として非難されるべきものだったのだ。

さらに、現代では「自己陶酔的」とされる自己のアイデンティティをかけた「音楽語り」が、その起源においては自閉的なものではなく、他者とつながるための手段としてとらえられていたことも明らかになった。ミニコミ的な色彩を残していた時代の『ロッキング・オン』は、洋楽好きの青少年・少女たちのいわばアジールとして機能していたのである。

しかし、ここまで見てきたように70年代半ばごろまで『ロッキング・オン』が有していた濃密かつ同質性の高いコミュニティは売上部数の拡大とともに終焉を迎える。これを単純に『ロッキング・オン』という雑誌の内容やファン層の態度が「薄まった」と表現することは容易い。しかし、冒頭に述べたように、今や『ロッキング・オン』という雑誌の外部においても、アイデンティティをかけた「音楽語り」に対するうっすらとした拒否感が漂っている。「音楽語り」をするリソースとしての情報量自体は80年代以降むしろ増加しており、それに伴って当時よりは遥かに正確な情報を容易に仕入れることができるようになったはずだ。にもかかわらず、なぜこのような事態になっているのか。

結論から言えば、それはおそらく「余白」の問題である。『ロッキング・オン』の歴史を踏まえて考えれば、情報量が増えたにもかかわらずではなく、情報量が増えたからこそ、「音楽語り」は衰退したのだ。かつて「架空インタビュー」が存在しえたのは、ミュージシャン自体の情報がなかったからである。その当時のロックやミュージシャンは、ほとんど白紙に近い形で、受け手のアイデンティティを仮託するメディアとして機能していた。たしかに、「架空インタビュー」の場合は編集部と関わりの深い人物が担い手であった。しかし、それは一般の音楽ファンにとっても同じことであろう。自分のアイデンティティを託しうるものは情報量が少なくなければならない。そう考えれば、渋谷の言う「空白」や「欠落」を埋める作業はまさにこの「音楽語り」の余地を潰していく作業でもあったといえる。

青年期の趣味は、アイデンティティをかけたものになる傾向が強い。したがってこの「余白」を埋める作業は長期的に見れば、趣味について熱く語らないし、語るべきではないと考える青年たちを生み出したとは言えないだろうか。

『ロッキング・オン』の歴史は、音楽に自分を託して語ることが、音楽にまつわる情報やことによると音楽そのものよりも大切だった時代があったことを思い出させてくれる。そこにいた当時の若者達は音楽についてはズブの素人だったかもしれないし、情報量も圧倒的に不足していた。しかし、ここまで見てきた初期の『ロッキング・オン』の投稿者たちが「ファッション音楽好き」だったなどと誰が言えよう。

とはいえ、ロックという音楽が情報の不足という「幸運な」状況に恵まれた時代は過ぎ去り、もう帰っては来ない。音楽という文化もまた「歳をとる」のだ。私達にできるせめてものことは、後の世代が音楽について語るのを邪魔しないことぐらいだろう。間違っていても、妄想でも、自己陶酔でも構わない。若い間の一時期だけでも、アイデンティティをかけて音楽を語るという幸福を味わえるように、青年たちを「ほっといて」あげてもバチはあたらないのではないだろうか。

サカナクション，MGMT

↓

↓

Matthew Sweet

『Girlfriend』（1991）

オタクによるオタクのための

ギターポップ

自分の好きな音楽が後でつながってくる時がある。私にとって、そのパターンの1つがリチャード・ヘルの『Blank Generation』、ルー・リードの『The Blue Mask』や『Live in Italy』、そしてMatthew Sweetの『Girlfriend』だった。前から順に70年代、80年代、90年代と時代が散っているのだが、実はこれらはすべて同じギタリストがリードを弾いているのである。彼の名前はロバート・クワイン。見た目はハゲにサングラスのおっさんで、ギターヒーローのイメージからは程遠い。もともとVelvet Undergroundの追っかけだったらしく、彼が録音した音源がオフィシャルブートレッグ『Quine 's Tape』として発売されているから、ニューヨーク・パンクの一番濃い時代の真っ只中にいたマニアの1人でもあったのだろう。だが、ひとたびギターを弾かせると、激しさと繊細さの入り混じった唯一無二のサウンドを聴かせてくれる。アクが強すぎるためか、サポートばかりで固定したバンドに所属することはほとんどなかったが、それは彼を生かし切るだけの才能を持ったミュージシャンがごく限られた数しかいなかったからかもしれない。

そんなロバート・クワインを使いこなして極上のギターポップを完成させたのがこのアルバムである。クレジットを見ると元Televisionのリチャード・ロイドも参加しているから、ある意味でこのアルバムはニューヨーク・パンクのポップに対する1つの回答と言えるかもしれない。

とはいえ、91年といえばNirvanaが『Never Mind』を発表した年であり、80年代を通して地下に潜っていたパンクやハードコアの流れがグランジやインディーポップとして表舞台に噴出する時期でもある。その意味で、この作品は70年代のニューヨーク・パンクの終わりと90年代のUSインディーの始まりを告げる作品であり、両者を架橋する位置にあるとも言えよう。

余談だがマシュー・スウィート自身は重度のアニメオタクらしく、腕に「うる星やつら」のラムちゃんのタトゥーを入れている。当時はまだロックと言えば強面のイメージが残っていたであろうから、オタク系ミュージシャンの嚆矢と見ることもできるかもしれない。

そんなオタク青年が生んだこのアルバムはポップさと実験性、甘みと苦みが絶妙に入り混じったまさに「乙」(最終章を参照)の極み。ニューヨーク・パンクとUSインディー、どちらの入り口としても薦められる名盤である。

↓

↓

MERCURY REV, PIXIES, PAVEMENT, LOU REED

NIRVEANA, N'夙川 BOYS

↓

↓

Beat Happening

『Beat Happening』（1985）

ローファイとハイファイは対義語ではない!?

ハイファイとローファイという言葉がある。言うまでもなく、これはHigh-FidelityとLow-Fidelityの略であり、本来の意味は原音に対する録音や再生音の忠実度・再現度の高さを表している。しかし、実際の用いられ方を見ると、この両者は決して対義語ではない。

「Hi-Fi」という言葉はイヤフォンやスピーカーなどの音響機器に用いられるばかりで、音楽の中身を評価するために使用されている例はほとんど見たことがない。逆もまたしかりで、「Lo-Fi」という言葉の方は音楽自体の批評に用いられることはあっても、音響機器に対して使うことはまずない。音響機器を「Lo-Fi」などと言ってしまうと単なる悪口になるので当然と言えば当然だが、逆に音楽の中身に対して「Hi-Fi」などと評価しないのはなぜだろうか。それは、録音というものがそもそもHi-Fiを目指してなされるのが当たり前だったからだろう。つまり、「Lo-Fi」の音楽とは「当たり前」を越えた何かを創ろうとする狙いを含んだものなのだ。

前置きが長くなったが、そんなLo-Fiの美学を代表するバンドがBeat Happening である。本作がリリースされたのは1985年。メインストリームの世界では、ディスコミュージックやニューウェーブなどが流行し、音の輪郭のはっきりしたHi-Fi（を目指した？）な音楽が鳴り響いていた時期である。時代に抗うようにペラペラの音で堂々と本作をリリースした彼らだが、それが90年代のアメリカのインディーシーンの先駆となった。

首謀者のキャルビン・ジョンソンはKレーベルを立ち上げ、自身も参加したバンド Halo Benders や Dub Narcotic Sound System などを含む個性的なアーティストを90年代に輩出しまくった。ちなみに Nirvana のカートコバーンもKレーベルのファンで、Kのエンブレムのタトゥー（？）を腕に入れている写真はよく知られている。

現代のオシャレでよくできた楽曲を聴いてきた若いリスナーの中には、なぜこんな下手くそでペラペラな音のバンドがこれほど評価されるのかと訝しむ人もいるかもしれない。しかし実のところ、彼らのLo-Fiサウンドは、アメリカの音楽的伝統の本質をついている。Modern Lovers や Velvet Underground、そしてNYパンクに多大な影響を与えたコンピレーションアルバム『Nuggets』に収録されている60年代の無名のサイケガレージバンドたち。そうした偉大な先人たちと Beat Happening は音の遺伝子のようなものでつながっているのだ。その意味でLo-Fiポップとは単に技術的な理由で「音が悪くなってしまった」音楽ではなく、アメリカ的なDIY精神とインディー音楽文化の厚みが生み出した美的表現なのである。

↓
↓

MODERN LOVERS, VELVET UNDERGROUND, THE FOLK IMPLOSION, NOMEANSNO, HALF JAPANESE, BUILT TO SPILL, BLUES EXPLOSION, SWEEPING PROMISES

終章

「アンダーグラウンド」は売れない人の集まりか?

渋谷すばると『味園ユニバース』

2018年4月、渋谷すばるがジャニーズ事務所からの退所を発表した。ニュースやワイドショーでもそれなりに大きく扱われたし、好調だった関ジャニ∞からの電撃脱退はファンたちに少なからず驚きをもって受け止められただろう。しかし、このニュースを見たとき、私自身は「あ、やっぱり？」という感覚だった。渋谷が主演を務める『味園《みその》ユニバース』という映画を見ていた私には、彼の行動はしごく当然の帰結であるように思えたからだ。

『味園ユニバース』は映画のタイトルであると同時に、大阪の難波に実在するライブスペースの名前でもある。もちろん映画の中には実際のユニバースが登場するのだが、それはあくまで終盤のこと。物語全体に特に大きく絡んでくるわけでもない。それでも、あの映画はユニバースを一つのモチーフにすることで、関西のアンダーグラウンドの雰囲気をなんとなくうまく捕まえている気がするのだ。

『味園ユニバース』の物語は名画『ブルース・ブラザーズ』よろしく、主演の渋谷すばる演じる「ポチ夫」が刑務所から出所するところから始まる。しかし、ここからは牧歌的な『ブルース・ブラザーズ』と180度違う展開が待っている。ポチ夫は出所して早々に謎の集団からリンチを受け、記憶を失ってしまうのだ。朦朧《もうろう》としたまま公園にたどりついたポチ夫は赤犬というバンドの野外ライブに出くわす。ボーカルからマイクを奪い取るポチ夫。静まり返るギャラリーやバンドメンバーを尻目に、彼は和田アキ子の『古い日記』をアカペラで熱唱（絶叫？）し、昏倒する。ここまでがおそらく冒頭の 10 分か 15 分ほどの間に展開する物語である。

個人的には、序盤で披露されるこの渋谷すばるによる歌唱が物語全編を引っぱる求心力になっているように思う。「あれをもう一度、聴きたい」という欲が掻き立てられてしまうのだ。音楽好きを自認する人々の中にはジャニーズやアイドルに理解を示す人もいるが、私自身は彼らについてあまり知らない。だから初見の段階では俳優がジャニーズ所属の渋谷であることすら知らなかった。そんな私はあの歌を聴いた瞬間、大慌てで俳優の名前を検索し、彼が関ジャニ∞所属であることを知って二度驚いたのだった。

その後、渋谷演じる「ポチ夫」は最初に乱入したバンド赤犬でボーカルを務める展開になるのだが、面白いのは、ユニバースだけでなく、この赤犬も実在のバンドだという点だ。赤犬は関西で活動するインディーバンドで、人数が多く、ホーン・セクションもいることから「関西のスカパラ」などと説明する人もたまにいるが、カラーは全然違う。もっと泥臭く、かつ面白い。おそらく PA も含めてチームだから、むしろ彼らがやっているのは、歌手のバックでプロが演奏していた昔の歌謡曲のステージを、丸ごと自分達でやってしまう感じなのだ。ユニバースもかつてはキャバレーだった場所をそのままライブに使っているから、そのレトロ感が赤犬とすこぶる合う。監督の狙いは知る由もないが、おそらくこの映画において、ユニバースと赤犬はともに、舞台の背景セットだったのではないか。その証拠に主人公と深く関わるバンドであるにもかかわらず、赤犬のメンバーはほとんど人間ドラマに干渉しない。それでいて、彼らは作品全体のアンダーグラウンドっぽい雰囲気を確実に支えているのだ。

もともと渋谷自身がどの程度アンダーグラウンドに興味があった

のかは分からない。ただ、十代半ばからジャニーズにいた渋谷が少なくとも仕事の上では全く異なる価値観に囲まれて音楽活動を行っていたのは間違いない。今さら商業主義を批判するつもりは毛頭ないが、良くも悪くも、そこにある基準は「売れる/売れない」という尺度でしかなかったはずだ。『味園ユニバース』の撮影は、渋谷がそんな世界から離脱するきっかけの一つにはなったのではないかと思う。

その後の渋谷はワーナー傘下の自主レーベルからソロデビューを果たしているから、アンダーグラウンドに行ったわけではないという反論もあるかもしれない。それでも、自主レーベルという形をとった渋谷は、やはり自身のやりたいことをやる道を選んだともいえる。そしてそれこそアンダーグラウンドの面白さに触れた効用ではなかっただろうか。

ここまではあくまで私の推測ではある。しかし、すでに成功している一人のアイドルがその地位を投げ出すだけの魅力がアンダーグラウンドには確かにある。それはいったいなにか？　以下では、アンダーグラウンドの意味や位置づけについて考察することで、本書の結論めいたものを提示するとともに、リスナーとして、そしてミュージシャン（趣味として音楽に関わる人を含む）としての音楽世界を広げる思考を提案してみたい。ただし、ここで言う「アンダーグラウンド」は一般的な定義というわけではない。あくまで私なりに広義の「アンダーグラウンド」を設定して論じたものであることはここに断っておく。

「アンダーグラウンド」と正統性

アンダーグラウンドという言葉を聞くと、いかにもディープな感じがするし、一般人には敷居が高いと感じる人も多いのではないだろうか。その名前と相まって、ときには、「悪所」というイメージを想起する人もいるかもしれない。しかし、私がここで「アンダーグラウンド」と呼んでいるものは、街中に普通にたたずむ小さなライブハウスやクラブに一歩入れば当たり前のように広がっている世界のことだ。

あえて定義するならば、「アンダーグラウンド」とは、メインストリームと異なる価値観が支配する場である。現代であれば「売れる／売れない」とか「洗練されている/いない」などといった価値観が支配するメインストリームの音楽シーンに対して、それ以外の尺度がモノを言う場なのである。したがってどのジャンルを考えるにせよ、アンダーグラウンドのアーティストを単に「売れない人たち」として捉えるのは誤りだ（もちろん、結果的に売れてしまうミュージシャンだっている）。

より社会学的に説明するなら、そうした誤りは「正当性（Justification）」と「正統性（Legitimacy）」を混同することから生じている。これらの違いは、どちらの方がえらいか（権威があるか）を争う時に顕在化する。例えば、二人のミュージシャンが「俺の方が売れている」「いや、俺の方が売れている」などという言い争いをしているとき、両者は正当性をめぐる争いをしていることになる。正当性をめぐる争いは既存の尺度ではかることのできる度合いの問題なのだ。それに対して、「俺は売れている」「売れることよりも自分が満足できる音楽を作る方が大事だ」という争いになると、この両者は「正統性」をめぐる争いをしていることになる。正統性をめぐる争いとは尺度自体を問題にするのである。

ここから考えれば、「アンダーグラウンド」とは「売れる/売れない」という正当性の争いとは別の尺度を生きる人々が、各々の正統性を信じて形成していく場であると言うことができる。もちろん、そこにいるアーティストの中にはいつか「売れる」ことを夢見ながら、浮かび上がれない人々もいるだろう。しかし、普遍的な美を感じる素晴らしいアーティストや、腹を抱えて笑ってしまうようなユーモアに富んだミュージシャンがいることもまた事実である。こうした異なる尺度を提示することこそが「アンダーグラウンド」の存在意義なのだ。

実は本書で扱った様々な「思い込み」の多くも、正統性の問題を扱ったものだった。これまで、「社会変革と結びついているかどうか？」「ミュージシャンが苦労しているかどうか？」「『人間的』であるかどうか？」など様々な正統性について言及し、それが生まれた起源を考え、ときにはそれが幻想であることを指摘してきた。それはひとえに、様々な価値基準があることを若い読者に知ってほしかったからである。そして「アンダーグラウンド」こそは未知の尺度に出会える場にほかならないのだ。

不完全性の美学

読者の中には下手なアマチュアの楽曲を聴くよりも技術の高い最先端の音楽を聴いた方が良いと考える人もいるだろう。実際、世の中ではシティポップがブームとなり、専門学校や音大で専門的な音楽教育を受けたミュージシャンが増えたように感じる。上手いことが悪いわけではないし、むしろ技術はあった方が表現の幅が広がるはずだ。しかし、もっと音楽を面白がるために、不完全なもの、バランスを失しているものを楽しむという視点があってもよいのではないだろうか。

もちろん、これは好みの問題ではある。私自身がそうした歪んだものを偏愛する傾向があることも承知しているから、ここからは音楽や学問や漫画といったものが境目なく配置された私の「頭の中の地図」上にある「幹線道路」を提示して見せる作業だと思ってほしい。少しでも私の言うところの「アンダーグラウンド」的価値観の面白さを理解してもらうための試みである。

さて、「不完全性の美学」のようなものを論じた本は学問の世界に点在している。本書で扱ったキッチュはまさにその一つであり、一般的な尺度では芸術とは認められない「まがいもの」に美を見いだす発想である。同じ章で扱った限界芸術論にしてもそれは同様で、芸術の世界のメインストリームから離れたものを面白がる論考であるといえる。そのほかにも絵師の若冲などが評価されるきっかけを作った『奇想の系譜』という本があるが、これもまたそうした作品の一つかもしれない[1]。

こうした流れを捉えているのは学問だけではない。たとえば、二〇〇五年から二〇一七年まで連載されていた漫画『へうげもの』もまた、「不完全性の美学」を具現化したような作品だ。戦国時代を舞台にしたこの漫画は、歴史上に実在した古田織部という武将を主人公にすえ、その美的価値観の変遷を描きだす。序盤こそ千利休に弟子入りし、その渋さの美学にひかれていた織部だが、物語が進むにつれ、独自の美学に目覚め始める。紆余曲折の末に彼が到達した美的価値観は「乙」と呼ばれるものだった。

この概念は現在でも「甲乙つけがたい」という表現などに見られるもので、「甲」は最上を意味し、「乙」はその次に良いという評価である。例えば、高級ジャズクラブでジャズを聴くことを「乙なものだ」とは表現しない。汚い立ち飲み屋でふいに繊細なジャズが流れてきた場合にこそ「こういうのも乙なものだね」という話になる。このとき、人はものの良し悪しの価値観を転倒させている。最上ではなく、少し崩れたものを評価する視点を知らず知らずに導入しているのだ。

『へうげもの』に話を戻すと、織部はこの「乙」とされるものこそ

1　辻惟雄（2004）『奇想の系譜』筑摩書房。

自分にとって最も価値ある芸術であると悟る。この物語はメインストリームの価値観とは別の美的尺度が生まれる瞬間を描いたものであり、不完全なものこそ至上であるとした男の物語なのだ。

こうして見ると、意外に「不完全性の美学」のようなものはあちこちに転がっているように感じられる。これが日本文化特有のものなのかどうかは分からないが、京都学派の哲学者・九鬼周造が日本独自の美意識として「いき」について論じた『いきの構造』にもこうした美意識は顔をのぞかせる。「運命によって『諦め』を得た『媚態』が『意気地』の自由に生きるのが『いき』である(2)」とは、この本で最も有名なフレーズだ。これは他者と深くつながろうとしながらも（媚態）、しょせん人間は運命によって隔てられていてひとつにはなれないと考え（諦め）、それゆえに自ら他者を遠ざける（意気地）というような態度を意味する。

詳しくは原著を読んでほしいのだが、九鬼の言う「いき」はきちんとしたものを「崩す」ことで成立する。例えばしっかりした姿勢で立つのは単なる真面目であり、姿勢を少し崩すことではじめて「いき」になるとか、表情は弛緩と緊張が同居してはじめて「いき」になるといった具合だ。これらを九鬼は「軽微な平衡破却」と表現しており、これも一種の「乙」的発想であるように解釈できる。

ちなみに冗談か本音か、九鬼は服の模様にも言及しており、縦じまの模様こそ最も「いき」な柄であるとしている。そして面白いことに、前述の『へうげもの』冒頭の馬ぞろえ（大名たちのファッションショー的な意味を含んだ行列）のシーンで織部が着ていたのも縦じま模様だった。偶然の一致かもしれないが、ふたつの作品の小さなつながりとして言及しておく。

もちろん、有名な音楽の中にも、こうした観点から面白いと思えるものはたくさんある。というか、歴史に残っている音楽のうち、

2　九鬼周造（1979）『「いき」の構造』岩波書店、107頁。

一定の割合は同時代において何かが欠けているとか、過剰であるなどとみなされていたのではないか。実は本書で扱ってきたミュージシャンにはそういう人々が多いから、ここで名前を羅列することは控える。あえてこうした「不完全性の美学」を言語化したタイトルを本書に登場する中から挙げるならば、Johnny Thunders の『Born To Lose』であり、早川義夫の『かっこいいことはなんてかっこ悪いんだろう』といったところである。

こうして見ると、メインストリームの価値観から外れたものを面白がったり、あるいは生み出したりする思考の系譜はたしかに存在するように感じられる。それを私は「不完全性の美学」と呼んだのであり、そうした価値が生み出される場所こそ私の言う「アンダーグラウンド」なのである。

アンダーグラウンドの地下水脈

こうした「不完全性の美学」は特殊日本的なものではない。キッチュが外来語であることからも分かるように、それぞれの文化的土壌から影響を受けつつも、各国にそうしたものを偏愛する人々はいるらしい。

ごく私的な話になるが、この原稿を書いている途中で、海外から小さな小包が届いた。中身はずいぶん前に注文したボストンのインディーポップバンド、dee-parts のカセットテープ。そしてそれに同封されていたのは、アメリカのアンダーグラウンドからの素敵な贈り物だった。よく分からないステッカーやあまり価値が無さそうなベースボールカード、おもちゃの紙幣などなど。一般人から見ればただのガラクタでしかない「宝物」の数々が、子供の作ったような手作りの紙の封筒（？）に大事そうに入れられている。

わざわざこんなものを同封してきたのはなぜなのか。私はこの封筒を開けたあと、しばらくあっけにとられ、その後、目を見張った。ここにはUSインディーらしい「芸術品のボロ」が見事なまでに凝縮されているではないか。そう、おそらくこの「ガラクタ」も含めて彼らなりの芸術表現なのである。そしてその表現を異文化で育った私も楽しむことができる。

図 8-1　dee-parts からの贈り物

こうしたことからも分かるように、アンダーグラウンドはおそらく地下水脈でつながっている。ナンセンスなものを面白がったり、「ガラクタ」をありがたがったりする人間はどこにでもおり、いつの時代も目に見えないうっすらとした「不完全性の共同体」を形成しているのではないか。dee-parts からの贈り物は、そんな確信を抱かせてくれる。アンダーグラウンドは海を越えるのである。

「アンダーグラウンド」としての大学

最後に本書の読者として想定している大学生に向けてちょっとした煽り文句を送ることで本書を終えたい。

意外に感じられるかもしれないが、私の言う「アンダーグラウンド」は、大学という高等教育機関と相性がいい。まず現実的な問題として、学生には時間的余裕がある。近年はアルバイトに追われる苦学生も増えつつあるというが、フルタイムの社会人ほど拘束時間が長い学生はほとんどいないだろうし、自由になる金銭も少しはある場合が多い。こうした条件は「売れる／売れない」とは異なる価値観で表現を追求するのに適している。

これに加え、大学自体が本来は未知の価値観を学ぶ場であることも「アンダーグラウンド」との親和性が高い一つの理由である。『自由論』で有名なイギリスの哲学者ジョン・スチュアート・ミルは『大学教育について』という講演において「大学は生計を得るためのある特定の手段に人々を適応させるのに必要な知識を教えることを目的とはしていない」と断言した上で次のように言う。

> 一般教養教育とは、学生がすでに個別に学んできたことを包括的に見る見方と関係づける仕方を教えるとされていますが、最終段階においては、人間の知性が既知のものから未知のものへと進むその進み方についての哲学的研究が含まれています[3]。

職業教育は世の中で主流となっている価値観を疑うことにつながらない。むしろ現代の就活やキャリア教育を見る限り、世の中のメインストリームになっている価値基準を刷り込もうとしているようにすら見える。ところが、ミルはそれとは逆に既知の事柄を教えるのではなく、未知のものを生み出す道筋を提示することこそ大学の使命であるというのである。現在の状況から見れば、理想主義的に過ぎるかもしれない。しかし、少なくともこうした大学教育の元来の理念形は、社会の中の主流とは異なる価値観を基盤とする「アンダーグラウンド」と著しく親和的なはずである。

その意味で、大学は社会における「アンダーグラウンド」であるべきだ。それは学生に限らず、我々教員の側にも自覚が必要である。ちゃんとした社会人を育てようなどとゆめゆめ思ってはならない。なぜならそれは大学の価値を掘り崩すことにつながるからだ。

一方、学生の側には、社会の主流となる価値観から少なくとも一時的には逃れるチャンスであると考えてほしい。「アンダーグラウンド」にいる四年間は、既存の価値観から逸脱した尺度で行動してほしいのだ。本書を読んで音楽をもっと掘り下げ、自分なりの変な

3　J・S・ミル『大学教育について』岩波書店、2011年、16頁。

音楽を創造してみるのもよい。音楽でなくても、そして創り手ではなくても、自分なりの「頭の中の地図」をよりどころに好きな趣味を掘り下げ、自分なりの尺度を見出してみるのも面白いだろう。冒頭で述べた通り、本書から学んで欲しかったのは、知の体系化の方法だったのだから。

時には自身の創造物や考えが受け入れられないこともあるかもしれない。しかし、それで元々なのだ。そもそも大学は「アンダーグラウンド」。既存の尺度では評価されなくて当然の試みをおこなう場所である。そんな誇りを胸に学問や趣味を楽しみ、自分なりの世界の捉え方を見つけてほしい。これが大学に入学して以来、ずっと「アンダーグラウンド」を生きる一人の学者（趣味人を名乗るのはおこがましい）から送る学生へのメッセージである。

BECK

↓

↓

Soul Coughing

『Ruvy Vroom』（1994）

分類不能のオタク集団

いきなりおっさんくさい告白で恐縮だが、私は最新の流行音楽が苦手だ。それは最新の音楽がダメなのではなく、私自身の音楽との関わり方が持つ弱点によるところが大きい。本編の序章でも述べたように、私は音楽やミュージシャン、社会背景といったものの関係性を読み解くことを好む。それゆえに、文脈の確立していない新しいミュージシャンをどう評価し、どう語りあえばいいのか分からないときがあるのだ。それは過去の音楽にしても同じで、どこの括りに入れていいのか分からないアーティストに反応するのはことさら難しい。

そんな私が文脈抜きで一目（聴）惚れしまったのが本作である。ジャジーで力強いウッドベースの上にどこかからサンプリングされた効果音が入り、そこにまたクセの強すぎるラップ（？）が乗っかっているから、もはや何のジャンルか分からない。本人たちはジャズ畑出身らしく、ジャズの流れに分類されるときもあるし、音の質感からUSインディーに分類されることもあるようだが、どこに入れても彼らを説明しつくしたことにはなりそうもない。

後智恵的に考えれば、この時代は Beck や G. Love & Special Sauce などのラップを変な形で取り込んだオルタナティブ・ロックが台頭しつつあった。ただ、ミクスチャーと言ってしまうと、Rage Against Machine や Limp Bizkit など、ハードコアの流れを汲んだラウドな音楽が想起されてしまうから、さしずめ、ダウナー系ミクスチャーとでも呼べるのかもしれないが、いまだこの系統には確固たる呼び名がない。

考えてみれば、現代の音楽の多くはジャンルで分類できてしまう。たとえば、前衛を気取るミュージシャンが不規則に音をただ鳴らしたとしても、「ノイズ」とか「アンビエント」といったジャンルに捉えられてしまう。その意味で、Soul Coughing は前衛音楽や実験音楽よりもはるかに前衛的だったと言えるだろう。

とはいえ、本作は決して前衛一辺倒で難しい音楽というわけではない。むしろ音遣いやファンキーなリズムはポップであるとさえ言える。音の質感も適度に Lo-Fi なので聴き疲れせず、何度でも聴きたくなる心地よさだ。ヒップホップの流行に対するオルタナ側からのアンサーとして、歴史にとどめておくべき名盤である。

↓
↓

G. LOVE & SPECIAL SAUCE

THE SPECIALS

↓

↓

Mashina『Ladies & Gentlemen』(1989)

スカ・レゲエ・ダブの世界展開

いわゆる「ワールドミュージック」が日本ではあまり流行らない。レゲエやアフロビートを取り入れたじゃがたらや最初期にダブをやっていたMute Beat など、その萌芽はあったものの、カルト的な人気にとどまり、大衆的な支持を得るにはいたらなかった。

これには、「ワールドミュージック」という分類そのものに内在する理由があるように思う。アメリカとイギリスの音楽を基本として、それ以外の国から出てきた音楽を「その他」として一括りにしたカテゴリーが「ワールドミュージック」だからである。私自身も含め、日本のリスナーには一定程度こうした傾向が見られるのではないか。

しかし、1980年代には日本を含め、世界中のあちこちでこうした「その他の国の音楽」を取り入れようとする動きがあった。そう考えるようになったのは、イスラエルの街中でジャケ買いした本作を聴いて以来である。

本作は80年代半ばにイスラエルで一世を風靡したらしいバンドの初期のベスト盤だ。スカやレゲエを取り入れたロックに、日本人から見るとちょっと「歌謡曲的」とも感じられる独特のメロディが乗せられていて、結構キャッチーである。もちろん、歌詞などはヘブライ語なので分からないが、The Specials や Mute Beat と通じるような音なのだ。

イスラエルはアメリカやヨーロッパからの移民が多いので、一般の日本人が抱くイメージと違って街中の風景は西洋先進国とほとんど変わらない。日本と同じく、西洋諸国から文化が流れ込みまくっているから、彼らがスカなどを取り入れたのも、あくまで西洋を通してだったとも言えるが、とにかく、80年代半ばにそうした音楽が流行していたのは確かである。

80年代といえば、ポストモダンという言葉が飛び交い、西洋近代的価値観の限界が叫ばれた時期だから、そうした思想潮流といわゆる「ワールドミュージック」への着目は軌を一にしていたのだろう。そう考えると、現代は音楽にとって可能性の時代であるような気もしてくる。新型コロナウイルスの流行とともに、西洋近代的な価値観の限界も指摘されつつある現在、かつてと同じように、英米以外の音楽に対する評価が高まるかもしれない。当然と言えば当然なのだが、大きな目で見ると人の考え方と音楽の流行にはやはり深い関連があるからだ。

80年代に世界中に種がまかれた「第三世界」の音楽は、「ありえたかもしれない音楽の歴史」の可能性をはらみながら、多くの国では成長を止めて息をひそめている。それが一斉に芽吹いた暁には、本作を含む80年代のこの種の音楽が名盤として「再発見」されるのではないかと密かに期待している。

↓
↓

MUTE BEAT, じゃがたら

あとがき

本書は趣味の本である。あえてそう宣言するのは、本書を執筆するにあたって自分自身の主観を隠さないようにすることを明確に意識したからだ。したがって音楽への言及も、それについて論じる際に用いた社会学の理論も自分の好きなもの、面白いと思ったものを用いているにすぎず、客観的であるとか、網羅的であるといったいわゆる「学術的価値観」からは少し距離があるかもしれない。こんな「ちょっと変な本」を書いてみようと思った理由の１つは、学術研究に漂う「嘘臭さ」と閉塞感にある。

奇妙なことに、英語の論文には「Ｉ」が出て来るが、日本語の論文は「私」を出さないのが基本的な作法である。もちろん、その原因は主語を省略しがちな日本語の文法構造にもあるのだろうが、それにくわえて、日本人には「客観性信仰」のようなものがあるように思えるのだ。もちろん、正確に事実を調べようとする努力や、客観的に確定した事実だけを述べようとする学問的禁欲は軽んじられるべきではない。しかし同時に、その根底には「人間の書くものはしょせん、主観を抜きには成立しない」という諦めも必要ではないだろうか。それをあたかも完全に客観的であるように「偽装」するせいで、嘘臭くなってしまうのだ。

そうした「偽装」は新しい研究に対して抑圧的に働く。数字データや海外文献発の専門用語を使うことで徹底的に「偽装」されたものしか学術研究として認められないから、正しいかどうかまだ分からない面白い理論というものが出てきにくいし、使いにくくなってしまうのだ。

私は個人的に「理論は使わないと腐る」と思っている。社会学の理論は現実世界を解釈するためにある。そうしなければ、現実世界が動いていることに理論が対応できなくなるか、もしくは理論が抽象化されていって現実との接点を失うかのどちらかの末路をたどる。使ってさえいれば、現実とのズレに気付くことができ、少しずつでも発展していくはずだ。そう考えて、本書では好きなように理論を使いまくることにした。

言うまでもなく、私が愛してやまない音楽にも学術研究にもまだまだ多くの可能性がある。本書では先人の力を借りながら、音楽にまつわる社会学的な研究の切り口（可能性）や楽しさを提示したつもりである。

とはいえ、主観的であることを隠さなかった結果、本書は私自身の弱点も反映してしまっている。たとえば、私はポップスやオシャレな音楽の方面に滅法弱く、みんなが知っている有名曲を突然知らなかったりする。だからどうしても歴史の中では周縁的に映る音楽を対象にしてしまうことも少なくなかった。これだけ話題になっているシティポップを扱った章がないのも、単純に私自身がいま一つ興味を持てないというだけのことである。願わくば、そちら方面の「地図」を提供してくれるような著作が今後出てきてくれればと思う。

本書を執筆するにあたっては、多くの先生方や友人たちとの対話が手がかりになった。ここで何人かは名前を挙げておきたいと思う。

まずは学生時代の私に多くの音楽を教えてくれた中村晃（和丸）さんにお礼を言いたい。毎日のようにレコード店に立ち寄る私に、パンクファッションに身を包みながら、驚くほど多様な音楽の世界を示してくれた。

学問の世界では、私に学問の面白さを最初に教えてくださった佐藤卓己先生に感謝を申し上げたい。地に足の着いた、それでいて面白い研究をされている佐藤先生にとって、私のような「軽い」研究者は鬼子のようなものかもしれないが、そんな私をいつも温かく迎え入れてくれる佐藤ゼミは、研究者としてのホームのような存在である。
また、本書を執筆するにあたって、主観を隠さずに大切にしようという判断ができたのは、加藤秀俊先生の教えのおかげである。先に述べた「私」という言葉の話の半分は加藤先生の受け売りだ。齢90をこえて今もなお、力まず、たゆまず、自身の面白いと思うものを調べ、語る姿は、研究者人生の理想を私たちに身を持って示してくださっているように思う。
学生時代からの盟友で、音楽や社会についてともに語り、時にヒントをくれるバンド天使突抜一丁目のメンバーたち、前任校時代からこっそりパンクロックについてメールで楽しいやり取りをしてくださる河本直樹先生、そのほか、細川周平先生をはじめとする日文研の「音耳研」やポピュラー音楽学会などでいつも楽しくお話ししてくださるみなさん、職場で音楽トークをしてくださる教員や事務職員のみなさんにも感謝を表したい。
最後になったが、こんな奇妙な本を出すことに同意し、自由に書かせてくださった上に、いつも的確なアドバイスをくださる創元社の山口泰生さんに最大の感謝を送りたい。音楽にも学問にも造詣の深い山口さんが編集でなかったら、本書は完成しなかった。
短い本にしてはちょっと謝辞が多いかもしれないが、人との関わりによって音楽や社会学を好きになっていった私にとっては、これでも少ないくらいだ。その恩返しになるかどうかは分からないが、本書が音楽や社会について「ああでもない、こうでもない」と人が対話をする際に話の種の一つにでもなれば望外の喜びである。
なお、本書の第7章は『青年と雑誌の黄金時代―若者はなぜそれを読んでいたのか』（佐藤卓己編、岩波書店、2015年）に寄稿した論考に加筆・修正をほどこしたものであることをここにことわっておく。

長﨑励朗

著者略歴

長﨑励朗（ながさき・れお）

桃山学院大学社会学部准教授。1983 年大阪府生まれ。京都大学大学院教育学研究科博士課程修了。京都大学博士（教育学）。著書に『つながりの戦後文化史――労音、そして宝塚、万博』（河出書房新社）、翻訳書にD・グッドマン『ラジオが夢見た市民社会――アメリカン・デモクラシーの栄光と挫折』（岩波書店）などがある。趣味は音楽と社会学。近年は YouTube チャンネル「アーカイブ社会学講義」の主として一般向けに社会学の面白さを伝える活動もおこなっている。

イラスト　石田尊司
装丁・ブックデザイン　森裕昌

日本音楽著作権協会（出）許諾第2109281-101号

叢書パルマコン・ミクロス m 01

偏愛的《へんあいてき》ポピュラー音楽《おんがく》の知識社会学《ちしきしゃかいがく》
——愉《たの》しい音楽《おんがく》の語《かた》り方《かた》

2021年12月20日　第1版第1刷発行

著　者　長﨑励朗
発行者　矢部敬一
発行所　株式会社創元社
https://www.sogensha.co.jp/
〔本　　社〕〒541-0047 大阪市中央区淡路町4-3-6
Tel. 06-6231-9010 Fax. 06-6233-3111
〔東京支店〕〒101-0051 東京都千代田区神田神保町1-2 田辺ビル
Tel. 03-6811-0662

印刷所　株式会社太洋社

ISBN978-4-422-70125-7 C0036

pharmakon

叢書パルマコン
——書物、それは薬にして毒

01 大衆の強奪
全体主義政治宣伝の心理学

セルゲイ・チャコティン　佐藤卓己［訳］
312 頁・定価（本体 3,500 円＋税）
戦後民主主義が封印した、〈反ファシズム宣伝教本〉

---

02 増補 聖別された肉体
オカルト人種論とナチズム

横山茂雄　382 頁・定価（本体 3,800 円＋税）
近代オカルト研究伝説の名著が、ついに増補再刊！

---

03 農の原理の史的研究
「農学栄えて農業亡ぶ」再考

藤原辰史　360 頁・定価（本体 3,500 円＋税）
ロマン的農本主義を乗り越える、農学原論の試み。

---

04 〈趣味〉としての戦争
戦記雑誌『丸』の文化史

佐藤彰宣　248 頁・定価（本体 2,800 円＋税）
敗戦国のゆがみを写す、長寿雑誌のメディア史。

---

05 大阪時事新報の研究
「関西ジャーナリズム」と福澤精神

松尾理也　408 頁・定価（本体 4,200 円＋税）
新聞の未来を照らす商業的負け組のメディア史。